U0584702

盈利突围

36种盈利模式

陈疆同 ｜ 著

内蒙古文化出版社

图书在版编目（CIP）数据

盈利突围：36种盈利模式 / 陈疆同著. -- 呼伦贝尔：内蒙古文化出版社，2025.3. -- ISBN 978-7-5521-2664-8

Ⅰ.F715.5

中国国家版本馆 CIP 数据核字第 2025XQ1704 号

盈利突围：36种盈利模式

YINGLI TUWEI : 36 ZHONG YINGLI MOSHI

陈疆同　著

责任编辑	妠日翰
装帧设计	鸿儒文轩·末末美书

出版发行	内蒙古文化出版社
地　　址	呼伦贝尔市海拉尔区河东新春街4 - 3号
直销热线	0470 - 8241422　　邮编　021008

排版制作	鸿儒文轩
印刷装订	三河市华东印刷有限公司
开　　本	710mm×1000mm　1/16
字　　数	190千字
印　　张	14.5
版　　次	2025年3月第1版
印　　次	2025年3月第1次印刷
书　　号	ISBN 978-7-5521-2664-8
定　　价	199.00元

版权所有　侵权必究

如出现印装质量问题，请与我社联系。联系电话：0470-8241422

引 言

当前，众多传统企业正深陷业绩下滑、利润缩减的泥潭，经营之路越发艰难。许多企业主在咨询时提出疑问，面对当前的经营困境，应采取何种措施？首要之务，在于明确企业主的核心价值——引领企业破浪前行，持续发展。企业成长的本质，实际上是在危机和竞争中锻造的。因此，企业主的核心价值应当在危机和竞争中得以体现。

审视那些经营得风生水起的企业，不难发现，企业主在闲暇之余，往往钟情于享受生活，诸如万科的王石先生，偏爱登山、垂钓，甚至勇攀珠穆朗玛峰之巅。然而，唯有危机降临之时，方显企业主之真金本色。

以苹果公司为例，其创始人乔布斯先生广为人知。但鲜为人知的是，乔布斯曾被苹果公司董事会驱逐。究竟发生了什么？乔布斯创立苹果公司，推出了世界上首款家用个人电脑，并取得了巨大成功。然而，随着苹果公司遭遇危机，董事会将责任归咎于乔布斯，并将其排斥于公司之外。乔布斯离开后，苹果公司的业绩和市值持续下滑。在濒临绝境之际，董事会做出了一个明智的决定——重新邀请乔布斯回归。有人询问乔布斯如何带领苹果公司摆脱危机，他回答说，他将专注于进行一次伟大的创新。这次创新，便是在危机中寻找新的利润源泉。乔布斯没有选择直接争夺市场份额，他深知这已是一条艰难之路。

因此，他推出了 iPod，即便携式 MP3 播放器，以及配套的音乐软件 iTunes，成功地将苹果公司带回市值巅峰。在乔布斯的领导下，苹果公司陆续推出了 iPhone、iMac、iPad 等创新产品，这些产品不仅推动了公司的市值从 2004 年的 135 亿美元飙升至 2024 年的 3.38 万亿美元，更将苹果公司塑造成为一个伟大的企业。乔布斯的每一步都是创新之举，而创新的本质在于寻找新的利润源泉。这正是企业主的价值所在——在危机中预见并化解危机。

更卓越的企业主应当如何作为？他们应当预见危机并化解危机，即能够预见危机的到来，并将其消弭于无形。这正是企业主的最大价值所在，乔布斯便是这样的企业主。

在当今的商业环境中，许多企业主已经有了紧迫感。为何如此？因为竞争者众多且实力强劲。当前的竞争已从产品竞争转变为盈利模式的竞争，亦有人称之为商业模式的竞争。商业模式究竟是什么？许多人认为难以理解，但我们可以将其理解为盈利模式。简而言之，盈利方式已悄然变革。昔日依赖产品差价盈利的源泉已然干涸，市场洪流中的竞争者如雨后春笋般涌现，竞争态势越发白热化。故而，产品间的较量已悄然转化为盈利模式间的博弈。

目 录

CONTENTS

CONTENTS

CONTENTS

CONTENTS

1

租赁模式

高价值且门槛较低的租赁模式，能够吸引客户主动寻求合作，难以抗拒其魅力。

——陈疆同

打开盈利思维, 寻找新的盈利增长点

如何拓展盈利思维并发掘新的盈利增长点?

首先, 思考一个问题: 企业的起源何在? 企业起源于企业家的思维, 是企业家的想法落地的过程。企业的规模和影响力, 与企业家的思维深度和广度息息相关。简而言之, 这关乎构想能够延伸至何种程度。小草无法成长为参天大树, 泥瓦匠亦无法建造摩天大楼; 因此, 企业家的思维深度与广度, 决定了企业的发展潜力。这正是我们强调盈利思维设计重要性的原因。

深入探讨前, 需铭记于心: 当下时代, 产品乃市场之钥, 用户乃宝贵财富, 连接则构成商业模式之精髓。这标志着从传统的通过产品差价获利的逻辑, 转变为利用产品吸引并维系用户的新型商业思维。

设想我们打算销售打火机, 过去是如何盈利的呢? 通过摆地摊或分销至便利店、超市, 以低成本购入, 以高价售出, 赚取差价。这种通过产品差价来实现盈利的思维, 正是过往产品营销的典型模式。

进一步探讨第二个维度。在此维度中, 我将赠送打火机, 但附带一个条件: 接受者需添加我们的微信。一旦成功添加 1000 人的微信, 我便能通过这些联系人来设计周边产品, 了解他们的需求。鉴于打火机用户很可能有吸烟习惯, 尽管我们不直接销售烟草, 但是否可以考虑销售茶叶、酒类等产品? 同时, 针对那些希望戒烟的用户群体, 我们还可以开发相关产品, 从而实现从单一产品思维向完整产品线思维的转变。

再进一步，当生意步入正轨后，可以邀请更多人加入你的商业活动。我将此赚钱机会定价为 9800 元，吸引有志之士共同投身于此项事业。

他负责分发打火机并邀请人入群，在这个过程中，不仅获得了 9800 元的收入，还扩展了供应链和产品销售规模，这正是供应链思维的体现。

再深入探讨，将 9800 元的盈利机会视为一个产品，并邀请他人共同销售这一产品，这一过程在线上被称为裂变营销，即销售代理的线上形态；而在线下，则通常以招商活动的形式出现。假设拥有 100 个微信群，每个群内有 1000 名客户，那么将拥有总计 10 万名客户，这些客户构成了你的用户资产。通过预估未来 3 ~ 5 年的收益潜力，可以将这些用户资产以某种形式预先利用，这种做法蕴含了金融思维，类似于上市融资的理念。

由此可见，盈利的维度是多样的，关键在于将思维置于哪一个层面。所谓盈利模式的组合，实质上是各种盈利思维的结合。前述案例，尽管有人可能认为实际操作难度较大，或觉得案例不够贴近实际，但这些都不影响我们拓展思维的广度。我们的目的是拓展思维的广度，实际上，众多产品都可以采用类似的设计思路。

产品创新、模式创新

面对售价高昂的产品，顾客可能会望而却步。若产品生产成本高达 100 万元，如何通过创新的经营方式和合作模式吸引顾客接受？我们可以转变思路，降低产品的使用成本，将购买与使用区分开来。有些人可能购买了产品却不用，而有些人虽然买不起，却非常需要使用。因此，通过降低使用门槛，我们可以吸引客户，这便是租赁盈利模式。

以施乐公司为例，该公司专注于复印机和打印机的生产。在施乐公司尚未大规模进军市场之际，复印机领域尚处于低效状态，依赖特殊纸张，输出结果往往不尽如人意，文件潮湿且字迹易于模糊。

施乐研发了干湿复印机，即著名的施乐 914 型号，其纸张尺寸为 9 英寸 ×14 英寸（1 英寸 =2.54 厘米），可使用普通纸张复印，大幅降低了复印成本。此外，其复印出的文件干燥，不易被抹去文字，是一款优质产品。然而，该产品的成本极高，约为 2400 美元。尽管施乐 914 以其卓越的性能脱颖而出，但作为新生事物，消费者对其认知有限，加之其高昂的成本，远超当时市场上同类复印机的 300 美元价位。在推向市场前，施乐将该产品的售价定为 29800 美元，销售人员普遍质疑如此高价能否被市场接受。

29800 美元的售价一经公布，媒体纷纷批评施乐因追求利润而失去理智。然而，这一举动却意外地在市场上掀起波澜，使得人们开始正视并认识到这款干湿两用复印机的独特优势。实际上，施乐的关键策略并非直接销售，而是采用了租赁盈利模式。不直接销售，而是提供租赁服务，顾客自然愿意尝试。因此，当产品售卖价格不具备市场竞争力时，降低使用门槛的租赁模式便成为一种有效的策略。施乐914的月租费用仅为95美元，远低于29800美元的购买价。若每月复印量低于2000张，不收取额外费用；超过2000张后，每张收取4美分。若在15天内使用效果不满意，还可退货退款。施乐凭借这一策略，迅速占据了82%的市场份额，并在6年内实现了从0到53亿美元的市场增长。在1965年，53亿美元的市场增长无疑是一个巨大的成功。施乐的故事向我们展示了，即便产品技术再创新，若不改变盈利模式，也可能在初期就遭遇阻碍。

在提供咨询服务时，我们曾建议一家客户采用类似策略。该客户原是冰激凌机的生产商，拥有100多种型号，适用于不同场景，如便利店、电影院和家庭等。这些产品生产成本和研发成本高昂，且需要建立广泛的销售渠道，导致销售成本居高不下。我们提议客户与电影院签署长期租赁合约，将冰激凌机以租赁方式置于电影院内，此举旨在降低经营风险，并依托后端服务实现盈利，进而达成双赢局面。这种方式最大的好处是能够迅速进入市场。最终，客户通过这种方式迅速占领市场，成功融资6000万美元，并迅速扩大市场，实现扭亏为盈。

施乐自1959年至1965年，凭借其干湿复印机占据了市场82%的份额。然而，竞争对手佳能公司随后出现，同样专注于复印机和打印机市场。佳能发现施乐的主要客户群体为大型企业和政府机构，经过深入的市场调研，其发现施乐产品存在几个关键缺陷，即用户痛点。

首先，大型企业和政府机构的打印需求量大，因此复印机必须设计得较大，这导致使用难度增加，需要专业技术人员进行培训。

其次，机器体积大，零件多，维修和维护成本随之升高。

最后，大型企业和政府机构对保密性有极高的要求，担心施乐可能会窃取文件机密。

佳能针对这些痛点，推出了新的产品创新——桌面打印机，小巧易用，操作简单，无须专业培训；若产品出现故障，可直接更换硒鼓，无须耗费精力和时间进行维修或培训；同时，保密性也得到了加强。正因如此，佳能进入市场后，施乐的市场份额急剧下降，从 82% 锐减至 35%。产品创新的关键在于找到用户的痛点和竞争对手的盲点，消费者抱怨强烈的地方，往往隐藏着巨大的商机。因此，得出结论，企业应以产品创新为核心，结合模式创新，才能迈向伟大的胜利。

详细探讨产品创新的概念，并介绍其具体实施策略如下：

首先，精准定位目标用户群体。例如，施乐的目标用户为大型企业及政府机构，而佳能则将家庭用户作为其主要服务对象。

其次，深入挖掘这些用户的潜在需求。施乐遭遇的挑战主要在于保密性欠佳、维修费用高昂以及操作上的复杂性，而佳能针对这些问题实施了全面优化，推出了体积小巧、维护简便且成本低廉的新产品。

最后，深入理解用户使用场景，体验并解决其痛点。这是产品创新的核心逻辑，即精准定位用户、挖掘并解决用户痛点，提出创新解决方案。掌握这一逻辑，便有可能发现新的盈利机会。

以诺宝电器为例，作为欧洲中央空调制造业的领头羊，其产品在节能和维护成本上较传统空调有显著优势，然而，高昂的制造成本却推高了售价。尽管在欧洲市场拥有较高的市场份额和销量，但在中国市场难以打开销路。

要成功进入中国市场，首要问题在于价格。消费者往往希望以较低的价格购买产品以评估其质量。面对这一挑战，诺宝电器采取了一种极具竞争力的租赁盈利模式。

诺宝电器的租赁模式基于一个核心理念：用户需要的不是产品本身，而是产品所能提供的服务。例如，用户需要的不是电钻，而是墙上钻孔的服务；同样，用户需要的不是中央空调设备，而是冷暖风的供应。

传统中央空调通常采用一次性销售模式，如设备费用 100 万元，售价 150 万元，电费 1 度（1 度 =1 千瓦·时）1.5 元，年维护费 30 万元。诺宝的中央空调虽然售价高达 300 万元，但其高效的节能性能使得每度电能节约 0.5 元，年维护费也大幅降低至 10 万元。通过租赁模式，设备被免费提供给用户，用户仅需支付电费和维护费。长期来看，用户能够通过显著降低的电费和维护费节省大量成本，实现长期省钱。

以一个 1 万平方米的大型商场为例，传统中央空调系统在 10 年内的电费和维护费总计可能达到 4800 万元。然而，采用诺宝电器提供的节能方案，用户在同样的 10 年周期内仅需支付 3800 万元，从而实现 1000 万元的费用节省。诺宝电器通过租赁模式，不仅降低了用户的使用门槛，还通过后续服务的收益获得了利润，实现了双赢。

由此可见，对于高购买成本的产品，采用租赁模式能够有效降低用户的使用门槛，吸引大量客户。这凸显了模式创新的重要性。不妨思考一下，你的产品是否也能借鉴租赁模式，从而开拓新市场，抢占市场先机。

2

剃刀 + 刀片盈利模式

优秀的商业模式应当致力于提高一次性消费后的长期客户忠诚度，确保客户持续不断地参与和消费，从而形成难以割舍的消费习惯。

——陈疆同

探讨客户消费锁定策略

你是否熟悉吉列这一品牌的产品？它主要生产用于刮胡子的剃须刀及刀片。在分体式剃须刀问世之前，传统的剃须刀均为一体式设计，即刀架与刀片必须同时购买。

大约在 1909 年，吉列意识到在刮胡子过程中刀片的损耗迅速，因此需要频繁更换。他开始思考，是否有可能将刀片与刀架分离开来单独销售，以此减少消费者因重复购买刀架而产生的成本。假设一套剃须刀原本售价为 20 元，若将刀片单独定价为 5 元，那么刀架的成本便无须额外支付，这就是所谓的剃刀 + 刀片模式。

通过将刀架与刀片分开销售，客户只需重复购买刀片，而无须再次购买刀架。将剃刀作为吸引客户的入门产品，而将刀片作为主要的盈利来源，以此方式锁定客户群，确保公司持续盈利，并长期获取客户的价值。

沃伦·巴菲特长期持有吉列的股票，他评价道，吉列的商业模式是世上再无更佳的创新。因为男性每天都会生长胡须，每天都需要刮胡子，这也就意味着每月都需要更换刀片。吉列的刀架设计精巧且价格亲民，刀片同样质量上乘且定价合理，这种开创性的商业模式极大地增强了吉列公司的市场竞争力，提高了其商业价值。

吉列采用的这种模式被称为剃刀 + 刀片模式，亦可称为锁定耗材策略。

刀片作为耗材，需要定期更换，正如我们上一篇文章提到的桌面打印机，其原理也是相同的。

曾经有一段时间，许多家庭的电脑旁都摆放着一台打印机，不论实际使用频率如何。

为何大家都会购买打印机呢？当时，购买电脑往往需要花费 4999 元，而只需额外支付 100 元，就能获得一台打印机。面对如此诱人的优惠，即便暂时无须使用，很多人也会选择购买，因此，大量潜在客户被锁定为打印机的用户。

当真正需要使用打印机时，会发现需要不断更换硒鼓——打印机内部的耗材，每次更换都涉及一定的费用。因此，佳能、惠普等公司利用这种方式迅速占领了家庭用户市场。无论是否频繁使用，一旦耗材用尽，就得再次购买，这正是典型的"剃刀＋刀片"商业模式。

当今许多传统企业面临经营困境，是因为其盈利模式过于陈旧。如何创新你的盈利模式，以持续获得用户后续的收益，这正是要探讨的盈利模式思维，即寻找新的利润池。

盈利模式的重组

来看一个案例——雀巢公司。很多人往往偏爱现磨咖啡而非速溶咖啡。然而，自行研磨咖啡豆并冲泡的过程颇为烦琐。

因此，雀巢于 1986 年推出了一款名为奈斯派索的机器，这是一款研磨咖啡的咖啡机。该咖啡机配备了一种咖啡胶囊，内含研磨好的咖啡粉，品质上乘。尽管这款咖啡机在市场上的增长潜力巨大，但其操作过程并不简便。

我们先来审视传统的销售流程。雀巢负责生产咖啡机，随后寻找分销商协助销售咖啡机，分销商再联系门店和商场，最终商场将产品推向消费者。雀巢在遵循这一传统流程时，面临着诸多挑战。从生产到寻找经销商，再到经销商联系门店，门店再寻找客户，每一个环节都需雀巢亲自参与，任何一个环节的疏漏都可能导致整个流程的受阻，加之咖啡机高昂的价格，更是增加了销售的难度。

雀巢重新定义了这一销售流程，决定不再涉及过多环节，以免费力不讨好，甚至造成销售障碍。于是，雀巢仅专注于咖啡胶囊的生产和直销。直销与分销的核心区别在于，直销模式实现了企业与客户之间的直接交易。而在当时互联网尚未普及的背景下，客户只能通过电话订购咖啡胶囊。仅专注于这一环节，企业的核心竞争力便能集中于直销，尽可能简化客户的购买流程，客户只需拨打电话，向总部下订单，公司便会立即安排配送。

这种盈利模式还有其他益处。试想，将咖啡机的生产与销售部分交给了其他制造商，如索尼和松下，这些公司原本就擅长机器的生产和销售，拥有成熟的制造和销售网络。现在，雀巢将咖啡机的生产和销售交由它们负责，而雀巢专注于咖啡胶囊的生产和直销。这标志着，雀巢将与众多合作伙伴携手，共同分享盈利的果实。客户购买咖啡机后，势必会购买咖啡胶囊，因此，从 2000 年开始，雀巢每天销售 7000 单咖啡胶囊，到 2003 年左右，短短 3 年内，销售量达到 50 亿单，直接创造了约 45 亿美元的年收入。

这正是盈利模式的重组，即我们所说的剃刀＋刀片模式，再加上直销模式。剃刀指的是机器，刀片指的是耗材。再加上直销模式，将其他环节分包给更擅长的个人或企业，从而直接推动了雀巢整体收入的增长。

结论是，在考虑公司的盈利模式时，我们也应考虑改造和再造销售流程。我们让合作伙伴从机器销售中获益，而自身则专注于耗材——咖啡胶囊的利润空间。尽管咖啡机的直接利润归合作伙伴所有，但我们通过销售胶囊，依然能实现可观的盈利。与他人合作共事，便能将生意做得更大。

另一个典型的案例是苹果公司，它采用的是反向剃刀模式，即不从耗材中获利，而是通过机器本身来盈利。乔布斯在第二次加入苹果公司时，设计了一款名为 iPod 的音乐播放器。在推向市场之前，他推出了一款名为 iTunes 的软件，允许用户在线听音乐，每首音乐售价 0.99 美分。在美国，版权意识强烈，人们若想听音乐，必须付费购买，价格不菲。iTunes 音乐商店的出现，以每首 0.99 美分的价格销售音乐，相对而言非常便宜，这促使了音乐的频繁下载。苹果公司表示，iTunes 音乐商店已经售出超过 2.5 亿首歌曲，而 iPod 播放器的销售也带来了直接和间接的巨额利润。苹果公司通过推广 iTunes，采用反向剃刀模式，首先吸引用户使用 iTunes 下载音乐，从而推动了 iPod 的销售，尽管 iPod 的价格并不低廉。

回顾苹果公司那段历史，乔布斯在 1997 年 7 月 4 日重回董事会，当时苹果公司的现金流只能再支持三个月。乔布斯面临的是一个市场份额被竞争对手大量蚕食的严峻局面。他并未选择在电脑市场上与对手争夺，而是专注于改变外界对苹果品牌的看法。乔布斯提出了"Think different"的口号，这不仅仅是一种营销策略，而是代表了一种精神和对产品创新的追求。他开创了iPod 与 iTunes 相结合的反向剃刀盈利模式，这一模式随后成为苹果公司发展的核心。众所周知，苹果 ios 系统允许开发者在苹果应用商店上架应用程序，并在用户付费时抽取一定比例的费用，这种盈利模式的强大之处在于其品牌效应。硬件产品如同"刀架"，本身便能盈利，而"刀片"——应用程序的销售，更是为苹果公司带来了源源不断的额外收入，这正是其盈利模式的高明之处。

或许有人会问，上述案例是否仅适用于大型企业？实际上，小型企业亦有成功应用此模式的例子。以火锅店为例，目前流行的"锅底免费"策略成功吸引了大量顾客，这正是剃刀免费、刀片收费模式的体现。还有一个鲜为人知的细节，火锅店中大部分荤菜的利润并不高，因为这些通常是顾客必点的菜品，对价格较为敏感。将某款荤菜的价格从 19 元调整至 15 元，尽管降价幅度有限，但顾客仍能显著感知到价格上的优惠。这类价格敏感性高的产品，我们称之为"刀架"。降低这类产品的价格，虽然单件利润减少，但可以在价格敏感性低的产品上获得补偿，如豆制品和蔬菜。这种模式适用于多个行业，也被称为锁定耗材法，旨在锁定用户的终身价值。

当前，家庭装修市场庞大且复杂。据统计，70% 的夫妻在装修过程中会发生争吵，甚至有些夫妻因此分手。有句玩笑话称，若想离婚，不妨尝试家装，这反映了装修确实是一个容易引发夫妻矛盾的话题。争执的根本原因在于，家装市场以往混乱不堪，商家以低价吸引顾客，随后在装修项目上不断加价，如电线长度不足、开口数量不够、窗户材质变更等问题频出。

我们的一家家装客户，洞察到这一市场问题后，采取了剃刀 + 刀片的模式，即每平方米硬装费用仅需 699 元，并承诺不收取任何附加费用。对于了解市场的人来说，这无疑是一项划算的交易，尽管利润相对较低，但能够吸引一部分客户。

在实际装修中，客户均选用知名品牌，工期定为 60 天，涵盖量房、设计、主材供应及施工，全程无额外收费，确保客户体验上乘。在这种情况下，向客户推荐软装产品，客户购买的可能性极大。

剃刀与刀片相结合的商业模式，通过低价甚至亏损销售主要产品（剃刀），并依赖于消费者对相关消耗品（刀片）的持续购买来获取利润。这种模式若运用得当，能够为企业带来超越同行的竞争优势。例如，吉列公司通过低价销售剃刀架，促使消费者购买高利润的刀片，从而实现了业务的快速增长。因此，这种策略能够长期维系客户关系，实现获取客户终身价值的目标。

3

连锁盈利模式

连锁盈利模式乃低成本、高效率、迅速扩展之经营要诀。

——陈疆同

低成本、高效率地扩张

回顾连锁模式历史。1859 年，纽约诞生两家茶叶店。茶叶虽源自中国，但连锁经营模式在美国兴起。

在 1859 年，乔治·吉尔曼和乔治·亨廷顿·哈特福德两位商人分别在纽约开设了茶叶店。由于他们从事相同的行业，经常交流，逐渐意识到合作经营将比单独经营更为有利。于是，他们决定将两家店合并为大美国茶叶公司，共同经营。

两家店铺合并后，统一采购，由于采购量的增加，他们能够获得更优惠的价格，从而降低了茶叶的成本。店铺数量越多，采购量越大，优惠也就越多。这便是连锁模式的雏形。那么，连锁模式究竟有哪些优势呢？

首先，规模化经营可以降低管理成本和品牌成本。

其次，集中采购可以增强成本优势，品牌统一亦能形成品牌效应，从而被更多人认知。

最后，将采购的差价回馈给消费者，实现物美价廉，形成良性循环。

连锁经营模式的核心精髓在于"复制与粘贴"，即将成功的店铺模式精准复制并应用于新店。这里的"复制与粘贴"并非机械性重复，而是强调模式的标准化与一致性。

曾经有一个著名的火锅品牌"小肥羊"，在一段时间内实现了爆发式增长，在全国开设了数千家分店。然而，它仅仅实现了规模的扩张，而没有实现标准化的复制。每家分店由加盟商自行管理，导致了品质和服务的不一致性，从而影响了品牌的口碑。因此，连锁经营模式成功的关键在于标准化复制，这是其本质所在。简而言之，连锁模式的本质就是100%复制。

全球最大的连锁便利店7-11，在全球拥有约6万家门店；如家酒店连锁目前在全球拥有超过6000家门店；知名的连锁品牌麦当劳，在全球拥有超过4万家门店。这种连锁模式带来了诸多好处：它能迅速占领市场，有效应对资本、团队、渠道及成本等方面的挑战。

连锁模式主要赚取的是经营性收入，即产品销售收入。以麦当劳为例，提到麦当劳，人们自然会想到汉堡。汉堡这个词已经深入人心，因此它实际上可以被视为一种"剃刀产品"。这种标准化的汉堡，其肉品、面包和蔬菜等都达到了标准化要求，甚至面包的孔隙都是标准化的。

麦当劳的经营性收入主要来源于其广泛的餐厅网络，包括自营餐厅和特许经营餐厅。除了销售汉堡、薯条等产品外，麦当劳还通过特许经营方式赚取投资性收入，这包括加盟费、品牌使用费和管理费等。麦当劳将经营模式统一复制给加盟商，并提供系统性的培训。此外，麦当劳还建立了汉堡大学，专门培训加盟商，从品牌塑造到提供产品机器设备，统一产品制作标准和服务流程，这整套系统被称为"系统性复制"。

麦当劳通过向加盟商收取品牌加盟费、保证金、装修和设备费用等，以及基于营业额的5%的管理费，来复制其品牌和团队。加盟商通过连锁模式的经营，其盈利的可能性大大增加，赚钱变得更加容易和轻松，因此不断有人进入加盟行列。

如今，麦当劳的加盟机会并不容易获得，因为市场容量有限，麦当劳必须确保加盟商能够盈利。加盟商愿意支付高达800万元的加盟费，是因为他们相信麦当劳提供的全面支持和品牌效应能够帮助他们赚取利润。麦当劳极大地减少了个人能力的影响，这是餐饮连锁品牌的核心所在。

许多餐饮从业者在考虑是否加盟时，会关注老板是否具备餐饮经验、管理能力，甚至是否是大厨。麦当劳则不同，无论是否具备餐饮经验、管理经验，是否曾从事餐饮业，是否曾是大厨，麦当劳都会将整个系统和团队复制给你。这就是麦当劳赚取的第二笔收入——投资性收入，虽然不是巨额利润，但也是稳定而合理的。

经营性收入，俗称"小钱"，主要惠及加盟商；而投资性收入，涵盖加盟费、品牌使用费及管理费，虽非财源广进之主道，却也稳健可观。那么，主要收入来源何在？答案是麦当劳的第三种收入——融资性收入。

实际上，麦当劳是全球规模最大的地产企业。传闻在李嘉诚开发王府井项目时，征地过程中遭遇了最强硬的钉子户——麦当劳。为了使其搬迁，李嘉诚支付了超过 5 亿元的费用，仅为了一个面积不过两三百平方米的小店面。试想，麦当劳要卖出多少汉堡才能赚回这笔资产性收入？问题随之而来，麦当劳为何能获得如此丰厚的地产性收入？

首先，麦当劳具备卓越的选址能力。

其次，麦当劳明确自己的盈利模式，即专注于商业地产的收益。因此，麦当劳在选址落户后，周边往往迅速聚集大量商业配套设施，甚至包括众多奢侈品牌。麦当劳与沃尔玛签订了长期战略合作协议，双方在商业地产领域共同进退，互为呼应。可以想象，这样的区域地价怎能不升值？即便是在荒凉之地，地价亦会因麦当劳的进驻而增值。麦当劳通常签订长期租约，动辄二三十年，无论是购买还是长期租赁，目的都是获取商业地产的融资性收入。若以每平方米 100 元的初始租金为基准，麦当劳的入驻往往能带动该商业地产租金飙升至每平方米 500 元的高位。麦当劳不仅租用其店面所需的空间，还会整租周边区域，当其他商家希望入驻时，必须向麦当劳支付费用，无论是购买还是租赁。由此，麦当劳直接斩获了 5 倍的收益，且这份收益在十年乃至二十年的漫长时间里持续不断，其数额之巨，令人瞩目。因此，这第三笔收入正是麦当劳的主要利润来源。

我们之前讨论过，连锁经营模式的核心在于100%复制，而100%复制的背后是标准化，标准化的背后则是战略选择，即趋势。这里有三个关键词：效率、质量和成本。麦当劳的汉堡是否美味？尚可，但并非极致。麦当劳是否有能力制作更美味的汉堡？当然有，但若追求极致美味，将影响效率。为何中餐连锁难以扩张？因为中餐口味繁多，难以复制。要开设100家店，就需要100位大厨；要开设1000家店，就需要1000位大厨。中餐师傅若未经10 ~ 20年的磨炼，怎能成为大厨？因此，若想开设1000家店，就需要1000位经过10 ~ 20年磨炼的师傅，这无法通过短期培训迅速实现。麦当劳汉堡大学自1961年成立以来，已成为全球餐饮业培训的标杆，拥有遍布世界各地的分校。若尝试建立一个专注于中餐的大学，考虑到中餐的多样性和复杂性，以及缺乏类似麦当劳汉堡大学这样的全球性培训体系，难度将非常大。大学最多四年，而学习中餐却需10 ~ 20年，这显然不现实。因此，麦当劳在连锁经营中选择了效率优先，质量次之，成本再次之。换言之，产品质量达标，出餐与服务效率即可大幅提升，进而为标准化复制奠定基石。若一味追求质量，即口味，会发现店铺经营将越来越困难。今天突发奇想加片西红柿，明天为了口味加个双黄瓜，后天再加点顾客喜欢的香菜叶子，这样的汉堡还能标准化复制吗？显然是不可能的。因此，很多时候，领导者需要懂得取舍，并非所有事情都要追求完美。麦当劳是首个引入装配线生产概念的汉堡公司。此前，汉堡均为手工制作。麦当劳引入了机械设备。

麦当劳为加快服务速度，舍质量而求效率，减员增自助，倡前台点餐之风。这一举措无疑旨在提升效率，麦当劳巧妙地调整了服务策略，摒弃了传统的服务员询问环节，转而鼓励顾客自主点餐，享受便捷服务。

麦当劳的套餐看似繁多，实则种类有限，兰州拉面亦是如此，尽管选项众多，但核心食材不过是牛肉、土豆、青椒等组合。麦当劳曾有 25 种产品，但为了专注于核心产品并提高效率，后精简为 9 种。麦当劳会根据季节推出特色产品，如世界杯套餐，但这些产品不会持续销售。并非世界杯主题缺乏吸引力，而是麦当劳需要控制产品种类，保持在 9 种左右。每推出一款新产品，就会下架一款旧产品，这样做可以简化运营，提升效率。此外，麦当劳使用一次性餐具，这也有助于减少人力成本。

麦当劳在标准化领域深耕细作，从食材的精挑细选到肥瘦比例的严谨研究，无一不体现出其对品质的执着追求。研究肥瘦比例的目的并非提升口感，而是缩短油炸时间，提高效率。麦当劳会根据不同的肥瘦比例确定最佳油炸时间，以降低成本和提高效率。此外，麦当劳对食物重量、杯子重量等都有详尽的研究，这些是麦当劳实现标准化的核心要素。通过这些措施，麦当劳能够在全球范围内保持一致的产品和服务质量，同时提升运营效率。

企业究竟应以质量为先、服务为先，还是效率为先，抑或是成本为先？这需要我们权衡利弊，寻找适宜的战略决策。务必铭记，追求完美等同于走向失败。

因此，连锁经营模式的本质并不在于产品盈利的表象，也不仅仅局限于赚取产品差价或参与价格战竞争。尽管众多企业深陷价格战、不惜降价销售，然而，凭借连锁或集采模式的优势，它们仍能在降价的同时确保盈利无忧。即便降价无法带来利润，它们依然能从后端收益中获利，例如投资性收益和融资性收益。因此，如果企业仅依赖产品收益，并持续与他人竞争，最终可能连产品收益都难以维系。倘若仅仅局限于铺货，企业或许将永远徘徊在微薄利润的边缘。若一味压榨经销商，那么连微薄的利润都可能无法实现。若能将经营性收入分配给员工、经销商和客户，转而赚取那些不显眼的后端收益，企业便能持续发展壮大。那么，企业是在赚取经营性收入、投资性收益还是融资性收益？我坚信，大多数企业仍在通过销售产品赚取差价，即赚取经营性收入。这本质上是在榨取员工、经销商和客户的利益，而对于融资性和投资性的收益，却丝毫未有触及。

真正的高手，往往懂得将显性的财富慷慨分享，从而悄然攫取那些隐性的财富。作为企业经营者，我们必须重新构思我们的盈利模式，努力寻找新的盈利增长点，从而实现企业不可见利润的增长。

4

蓝海盈利模式

领导者需深思熟虑，以开拓创新的蓝海市场，进入无竞争领域。

——陈疆同

与其更好，不如不同

进入无人涉足的领域，旨在成为无可替代的唯一，而非仅仅争夺第一的宝座。众多企业之所以衰败，并非由于市场需求的消失，而是因为竞争者过于拥挤。

以足球比赛为例，当一个球门前有百人防守，即便踢球人技术再高超，或距离球门再近，进球也变得异常困难，因为人群阻挡了射门的路径。反之，若球门前空无一人，进球则轻而易举，即便是三岁孩童也能轻易将球送入网中。

当前，众多商业活动因深陷红海市场的激烈竞争而步履维艰。若能开拓一片蓝海市场，没有竞争对手，不仅成为第一，更是唯一，在这一领域内，唯一即第一。

假设一个村庄共有百名村民，每人每日需食 1 个馒头。你经营一家馒头店，每日生产 50 个馒头，这些馒头迅速售罄。随后，他人见你生意兴隆，纷纷开设馒头店，直至第十家。市场上现有 10 家馒头店，每家每日生产 50 个馒头，导致每日供应量达到 500 个。然而，这远远超出了百名村民的需求，结果是 400 个馒头被浪费。这正是企业难以生存的原因。

因此，你的目标不应是与他人竞争产品质量，亦非价格战，而是通过寻找独特的市场细分、建立品牌差异化和持续创新来构建无竞争市场。无论价格多低廉，总有人能提供价格更低的产品；无论质量多优秀，总有人能做得更出色。毕竟，无人能断言自家产品绝对领先。顾客口味千差万别，如同对馒头的软硬偏好，使得产品标准化成为难题。在这种情况下，可以考虑制作花卷、包子，或为这十家馒头店提供面粉，从而进入一个无竞争的蓝海市场。

　　传统的盈利思维总是着眼于如何在十家店中脱颖而出，如何使馒头质量更优，价格更低。

　　许多人认为，一旦进入市场，就必须依靠努力、勤奋、质量、效率和持续学习来竞争。他们认为，优化管理、广告投放、促销活动等，不过是传统盈利思维下的常规操作。不可否认，这些因素确实重要，但并非最关键。核心在于成为独一无二的存在。所谓"更好"，不过是相对而言的，世上并无绝对的"更好"。有时"更好"只是我们给予自己的心理安慰，我们不愿承认他人的产品优于自己的产品。

　　如前所述，在乔布斯回归后，他首先推出的产品并非性能更优的电脑，而是创新的 iPod+iTunes 组合。这一组合不仅为苹果公司开辟了一个全新的市场领域，而且迅速成为市场上的主导力量，iPod+iTunes 的结合在短短三年内就实现了近 100 亿美元的销售额，几乎占苹果公司收入的 50%。我们能否创造一个差异化的市场，进入无人区呢？务必铭记，独特性胜于更好，不求第一，但求唯一。

　　娃哈哈是中国市场上的首款矿泉水；乐百氏不称矿泉水，而称纯净水；可口可乐是首款碳酸饮料；农夫山泉作为"大自然的搬运工"，其广告宣传的并非矿泉水或纯净水，而是天然饮用水；星巴克是最大的咖啡连锁品牌；红牛则是功能性饮料的领头羊。

　　如果无法在某个行业成为第一，那么必须在某个品类中创造第一。若想做得更好，就必须做好与第一竞争的准备，但他们的历史发展、销售网络、研究团队等，是否远胜于你？因此，争夺第一是极其艰难的。

再以实例说明，国际商业机器公司（IBM）成立于1911年，是全球最早的信息技术公司之一，在计算机领域居于世界领先地位。1952年，IBM发布了第一台商用电子数字计算机IBM 701，被认为是早期服务器的雏形。美国数字设备公司（DEC）于1957年成立，是个人计算机和服务器市场的重要参与者。戴尔公司以直销方式闻名，而微软和英特尔分别在软件和微型处理器领域扮演了重要角色。观察可知，这些公司都在特定细分市场中实现了唯一性，进入了无人竞争的蓝海市场，从而得以发展壮大。这正是我所强调的，"更好"是一个陷阱，若试图与这些品类竞争成为第一，将陷入无休止的消耗战。

蓝海盈利模式的核心概念之一是洞察并解决消费者的痛点。以卡帕（Kappa）品牌为例，该品牌起源于意大利，后被李宁公司收购，并最终转让给中国动向（集团）有限公司。品牌的多次易手反映出其市场价值的不稳定性，以及盈利状况的不佳。

中国动向（集团）有限公司在收购卡帕后，通过五年的努力，实现了300亿元的销售额，并且毛利率达到了62%。这一成就令人瞩目，成功为这个濒临消失的品牌注入了新的活力。那么，他们究竟采取了哪些措施呢？在卡帕之前，运动服饰主要是在运动时穿着，设计上注重宽松舒适，而不太适合日常穿搭，因此，人们很少在非运动场合穿着运动服饰。

回忆往昔，我们的校服仿佛与时尚绝缘，在传统的观念里，运动服饰仅仅是运动时的装备，其外观往往被忽视，色彩也大多局限于蓝绿之间。然而，中国动向（集团）有限公司在收购卡帕后，对运动服饰进行了重新定义，概括为四个关键词：运动、性感、时尚和品位。在15年前，将性感、时尚和品位与运动服饰联系起来是前所未有的，没有人想过要将运动服饰设计得如此具有吸引力。中国动向（集团）有限公司之所以这样做，是因为他们洞察到了运动服饰市场中一个尚未被满足的消费者需求。许多白领或亚健康人群除了有运动需求外，还希望通过穿着来展示他们的健康生活方式，即便他们实际上并未参与运动。这种需求促使中国动向（集团）有限公司重新定义了运动服饰的需求，不再仅限于功能性的需求，还包括了情感上的需求。服饰作为展示自我的媒介，必须兼具吸引力，融合性感、时尚与品位。因此，中国动向（集团）有限公司成功地将运动服饰从单纯的运动装备转变为一种时尚声明，满足了消费者展示个人形象和生活态度的需求。

随着运动服饰的重新定义，修身款式成为街头巷尾的常见选择，甚至瑜伽裤也成为日常穿搭的一部分。如果瑜伽裤的设计不够吸引人，自然不会有人愿意穿着它们外出。卡帕如何能够达到 300 亿元的市值呢？正是因为它敢于成为第一个打破传统的人，敢于摒弃对运动服饰的旧有刻板印象。过去的运动服饰设计宽大，而现在的设计则修身、性感且时尚。面对经销商的质疑，卡帕采取了大胆的策略：无须预付款，销售后再结算，且支持退货。为何卡帕有如此的决心和毅力？因为他们明白自己进入了一个尚未被充分竞争的蓝海市场。

以王老吉凉茶品牌为例，其宣传语从"上火了喝王老吉"转变为"怕上火喝王老吉"，体现了对消费者使用场景的深入洞察和对用户痛点的体验。在红海市场中脱颖而出，这就是蓝海盈利模式的首要关键词——体验用户痛点。

蓝海盈利模式的第二个关键词是针对竞争对手的弱点。

我们之前提到戴尔公司的直销模式，该模式正是针对了竞争对手在渠道铺货上的弱点。戴尔摒弃了传统的产销链，转而推行电话订购与直接配送的直销模式，有效规避了库存积压与分销成本，成功开辟了一片蓝海市场。

老干妈辣酱作为广为人知的品牌，通常以大容量瓶装形式出售，售价介于 15 ~ 20 元。对于嗜辣者而言，若仅为了偶尔的辣味享受，购买大瓶装辣酱显然不经济，因为一次性难以消耗完毕，剩余部分需妥善保存。对于不常下厨、依赖外卖的消费者而言，为一餐之需而购买大瓶辣酱是否划算？此举常导致不必要的浪费。虎邦辣酱深刻洞察到这一消费痛点，遂推出一次性塑料包装的辣酱产品，便于消费者按需使用，无须一次性购买大容量，从而在经济性上更胜一筹。这正是虎邦辣酱通过洞悉竞争对手的不足，成功开拓了蓝海市场的例证。

以华夏航空为例，尽管其名称可能让人误以为是一家规模较小的航空公司，实际上，华夏航空是中国少数几家能够保持盈利的航空公司之一。那么，它是如何实现盈利的呢？航空运输路线主要分为干线和支线两种。干线指的是连接大城市的长距离航线，如北京至广州的航线。中国四大航空公司起初专注于干线航空，客流量大、航程远、票价高昂。然而，这些光鲜背后却隐藏着普遍亏损的困境，无疑揭示了干线航空运营的艰巨挑战。而支线航空则涉及短途运输，通常不超过几百公里。人们常因中国高铁的发达而认为中国在交通方面领先于美国。然而，美国之所以高铁发展不充分，是因为其支线航空网络非常发达。美国有能力在众多小城市和小镇之间建立航空公司和机场，进行短途运输，从而减少了对高铁的依赖。华夏航空敏锐地捕捉到了这一市场空白，毅然决然地投身于大型航空公司所忽视的支线航空领域。这种被忽视的市场正是竞争对手的弱点，华夏航空正是利用这一点，成功进入了蓝海市场。这便是我们探讨如何寻找蓝海市场的第二个要点。

当然，要成功进入蓝海市场，还需结合第三个要点：自身的竞争优势，即凭什么能力实现这一目标。我们需深刻自省，探究自身如何能胜任，并且非他人所能及。

综上所述，蓝海盈利模式的核心在于识别并利用客户的痛点、竞争对手的弱点以及自身的竞争优势。从这三个维度出发，审视自身是否能够避开价格战，进入一个崭新、快速、竞争者稀少的蓝海盈利领域。

5

入门锁定多维附加模式

初涉市场，通过多元化消费模式吸引顾客，令顾客纷至沓来，进而实现稳健增长的收入流。

——陈疆同

入门锁客，多元消费

在本篇中，我们将探讨入门锁定多维附加模式的概念，并通过以下故事进行阐述：

美国曾有一位名叫哈利的传奇营销天才。在十五六岁之际，哈利在马戏团兼职，负责销售零食和水。他注意到，马戏团的门票销售困难，导致零食和水的销量也受到影响。面对这一挑战，大多数人可能会选择更换工作，但哈利却开始思考如何通过创新方法提升零食的销量。他向马戏团的管理者献上妙计：售票之时，附赠花生米。

这一策略在当时并不常见，马戏团的老板起初担心这会增加额外成本，因此表示反对。哈利迅速提出了解决方案，承诺如果盈利，双方将共享收益；若亏损，则从他的工资中扣除。如此，老板自是爽快答应，毕竟此乃稳赚不赔之买卖。于是，哈利开始在马戏团内进行宣传，承诺看马戏送花生米。这一策略效果显著，吸引了更多观众前来观看表演。顾客在观看马戏时食用花生米，由于额外添加的盐分，增加了口渴感，从而促使他们向哈利购买水。通过免费花生米吸引顾客，再通过销售水等其他产品实现盈利，这种策略被称为入门锁定多维附加模式。

在中国，尽管航空公司众多，但多数仍处于亏损边缘，之所以能维持运营，很大程度上依赖于国家的财政补贴和政策支持。然而，春秋航空公司却是一家例外，它是一家盈利的航空公司。其票价并不高昂，有时甚至低至 99 元，这在航空业中实属罕见。

春秋航空的运营模式借鉴了美国西南航空公司的成功经验。美国西南航空公司，作为全球最大的低成本航空公司之一，以其连续 47 年的盈利记录而闻名，是全球唯一一家如此长时间保持盈利的航空公司。欧洲的瑞安航空公司，总部设在爱尔兰，自 1985 年成立以来，到 2011 年，其年客流量已达到 7064 万人次，成为欧洲最大的廉价航空公司。

这些航空公司所采用的策略，正是入门锁定多维附加的盈利模式。

通过入门产品吸引并锁定客户，进一步引导客户流量，从而构建起庞大的忠实客户群体。以春秋航空的 99 元低价机票为例，相较于市场上动辄数百元甚至上千元的机票，这种低价策略无疑具有极大的吸引力。

在此，我们有必要深入探讨消费心理学。不了解人性，往往难以在商业领域取得成功。消费者在消费过程中实际上会经历两个阶段：首先是基于理性的消费，其次是基于感性的消费。面对陌生人时，人们通常会采取理性态度，评估对方的动机。然而，面对熟人时，我们的反应则可能更偏向感性，由于信任的建立，我们更倾向于与他们达成交易。每个人在消费时，都可能从理性转向感性。你更倾向于哪种消费方式？是感性消费还是理性消费？显然，感性消费在多数情况下占据了主导地位。

入门锁定，多维附加

当进入市场的门槛降低，例如，提供 99 元的低价机票时，消费者的理性判断往往会被削弱，从而促成购买行为。价格低廉可能会使消费者对航空公司产生好感，若航空公司在服务上稍做提升，这种好感度有望进一步增强，促使消费者在后续服务中进行更多的消费。这种因情感因素而产生的额外支付，我们称之为情感溢价。

以瑞安航空为例，该公司通过 100 ~ 200 元的低价吸引顾客购买机票。一旦顾客购买了机票，瑞安航空便通过提供多种附加服务来增加收入。例如，行李托运需要额外收费，尽管顾客可以选择不托运，但若确实有此需求，则需支付额外费用。此外，选座服务亦需付费，多数乘客倾向于选择靠窗或靠前的座位，因此愿意为此支付额外费用。瑞安航空在飞机上并不提供免费饮料和零食，乘客如有需要，则需另行付费购买。通常，机上饮料与零食的销售不尽如人意，但乘客饥饿之时，往往会选择购买，为航空公司增添额外收益。至于机上电话服务，技术虽可行，但鉴于成本高昂，往往不予提供。然而，瑞安航空独树一帜，提供卫星电话服务，让愿意支付额外费用的乘客得以在万米高空通话。长途飞行中，乘客常怀思念之情，通话报平安成为刚需，此服务无疑增添了附加价值，体现了情感溢价。通过这些策略，瑞安航空在提供基本航空服务的同时，通过附加服务创造了额外的收入。

通过提供低价机票吸引大量顾客，设计多元化的盈利产品以赚取额外利润，瑞安航空迅速发展成为一家规模庞大且盈利能力强的廉价航空公司。它不仅通过产品溢价锁定入门客户，还通过情感溢价实现多维附加收入。

总结而言，需要在客户的消费路径中设置两个阶段：首先是理性阶段，其次是感性阶段。务必明确区分这两个消费路径，既设计出满足理性需求的入门产品，又设计出能够触动感性需求的多元盈利产品。只要在理念和认知上有所突破，企业与思维就自然会孕育出优秀成果。优秀的课程不仅能提供具体的解决方案，更重要的是能激发思考。我们可以从中选择最优方案，去尝试、去实践，这才是真正优秀的思维认知方式——灵活运用，触类旁通。

我们来具体阐述一下产品体系的设计。整个产品体系大致可以分为4种类型，即结合了理性和感性产品的分类：第一种叫名气大的产品；第二种叫规模大的产品；第三种叫利润高的产品；第四种叫现金流快的产品。请仔细想想，企业的产品是不是这几种，第一种侧重建立名气；第二种侧重扩大规模；第三种侧重创造利润；第四种侧重获取现金流。企业的产品组合大致是这四种类型的两两组合或三三组合，全部涵盖可能有些困难。企业必须设计出自己的产品思路，确保产品线能够满足不同阶段的发展需求。

比如，麦当劳，它的汉堡是不赚钱的名气产品，薯条可乐是利润高的产品，麦当劳的加盟模式侧重规模，地产则可以快速获取现金流量，这就是产品的组合设计。

再如，瑞安航空，通过低价的门票引流，在盈利方面创造了航空界的奇迹，这就是我们讲的入门锁定多维附加。

6

情感附加盈利模式

相同的产品，采用不同的商业模式，便能展现出不同的竞争优势。

——陈疆同

构建情感符号

何为体验式营销盈利模式，以及如何构建极致情感符号？

一位卓越的企业家曾经表示，在这个世界上，他最敬仰的两位企业家分别是优衣库的创始人柳井正和星巴克的创始人舒尔茨。那么，柳井正和舒尔茨为何能获得这位企业家如此崇高的敬意呢？

深入探究舒尔茨是如何凭借"讲述"的力量，将星巴克塑造为全球首屈一指的咖啡连锁品牌。舒尔茨的父亲是一位运输货物的卡车司机，这个职业具有较高的风险性。1961 年冬季，他的父亲不幸遭遇事故，导致一条腿受伤，这次事故如同晴天霹雳，严重削弱了父亲的劳动能力，曾经的中产生活如同泡沫般破碎，舒尔茨心中的"美国梦"也随之暗淡无光。美国家庭普遍有饮用咖啡的习惯，然而，舒尔茨一家却无法经常享用优质的咖啡，他们只能饮用研磨后的咖啡渣。

1964 年的圣诞节，十二岁的舒尔茨与他的兄弟姐妹在外玩耍时，偶然发现了一家精品店，店内陈列着一个特别精美的咖啡罐，罐内装有上等的咖啡豆。舒尔茨对那个咖啡罐充满了渴望，家中已许久未弥漫过优质咖啡的香气，父亲也因此常常流露出无奈与遗憾。因此，舒尔茨希望通过这个咖啡罐来恢复家庭的欢乐氛围。然而，囊中羞涩的现实迫使他做出了一个艰难的决定，他小心翼翼地将那个精美的咖啡罐藏进破旧的大衣，心怀忐忑地奔回家中。

他的父亲看到后非常高兴，询问来源时，舒尔茨谎称是通过打工赚来的。第二天，店主找上门来，谎言被揭穿，舒尔茨因此遭到了父亲的严厉惩罚，父子关系变得异常紧张。舒尔茨长大后，即将步入大学，但父亲却告诉他应该去工作赚钱。舒尔茨感到父亲并不爱他，从此与家庭，尤其是与父亲的关系变得疏远。

1981 年，舒尔茨已三十多岁，他在施乐公司担任推销员，销售打印机，并且业绩出色，收入颇丰。某日，母亲来电告知父亲想念他。而舒尔茨正欲前往会见重要客户，便匆匆答复母亲，稍后再归。一周后，他见完客户回到家中，却发现父亲已经离世，这对舒尔茨而言，无疑是晴天霹雳，情感瞬间崩溃。在整理父亲遗物时，他发现了一个旧木箱，里面装着那个他曾经偷来的咖啡罐，罐上写着："1964 年，孩子送给我的礼物。"看到这些，舒尔茨内心深受触动，情感崩溃。正是在那时，他萌生了开设咖啡店的想法。

舒尔茨童年的不幸源自父亲遭遇的车祸，导致失去工作和各种保障。因此，舒尔茨致力于复兴"美国梦"，他承诺在星巴克工作的每个人都能享有尊严和福利，包括全面的医疗保健和股票期权，甚至有机会成为公司的股东。只要为星巴克创造价值，就保障你的一生，这就是"美国梦"的复兴。因此，星巴克不仅提供产品，还传递文化，以及家庭情感的联系，用四个字概括就是"家国情怀"，这四个字恰恰赋予了星巴克强大的品牌溢价。

于星巴克品咖啡，不仅是在品味其香醇，更是在回味往昔岁月，那些关于亲情、友情的记忆，以及那永恒的"美国梦"。这样一杯咖啡售价 38 元是否昂贵？舒尔茨正是这样一位擅长讲故事的人，不论故事的真假，一旦讲述出来，就会为产品增添额外的价值。当为产品附加情感时，产品就更容易畅销，并且能够卖出更高的附加值。

讲故事需要涉及几个关键词，首先是励志，其次是亲情，最后是国家。我们再次审视舒尔茨所讲述的故事，是否也包含了这三个关键词？

在互联网时代，信息的获取变得平等，而情感交流则呈现出不对称性。这与传统广告营销模式形成鲜明对比。前者强调信息的广泛传播，通过增加传播频次和扩大覆盖范围，以期将产品推向市场；而后者则依赖于信息的不对称性，通过大量资金投入和重复广告，以期提高产品的成交率。

在传统营销中，一位明星、一句广告语、一个广告位，便足以使产品销量飙升。例如，妇炎洁利用任静和付笛声的形象代言，通过电视广告的不断播放，使产品深入人心；北极绒保暖内衣借助赵本山的影响力，一句"地球人都知道"使其产品广受欢迎；柒牌男装由功夫明星李连杰代言，一句"男人要对自己狠一点"深入人心；背背佳、好记星、脑白金等产品，其营销策略亦是如此。

然而，广告的成功并不等同于产品的质量。在互联网时代，口碑评分显得尤为重要。美团、大众点评等平台上的评分，使得消费者能够获取对称的信息。此时，口碑的重要性凸显，它不仅仅是产品质量的体现，更是品牌情感的附加。产品的品质和消费者对品质的印象是两个不同的概念。品质固然重要，然而，过分执着于品质却可能使人落入主观臆断的泥沼。在市场中，与领导品牌进行质量竞争往往主观且难以衡量，因为不同的人对同一产品的感受可能截然不同。

以碳酸饮料市场为例，超越可口可乐，制造出更美味的产品，面临巨大挑战。尽管"好喝"主观，但可口可乐凭借其深入人心的品牌忠诚度和消费者对传统口味的偏好，使得其任何改变都可能遭遇强烈反对。

在汽车行业，安全是消费者最为关注的要素之一。沃尔沃被誉为安全第一的品牌，但任何车辆都无法确保绝对的安全，事故总是难以预料。

接下来，探讨管理层面。正如前述，建立产品的品质与树立对产品品质的印象是两个不同的概念。一流企业通过讲述品牌故事来为产品附加情感，而不仅仅是拼品质。品质达到中等偏上水平便已足够，关键在于消费者对品质的感知还需借助情感的附加值来提升。以电影《战狼2》为例，它之所以吸引人，是因为它触动了观众的爱国情感。用情感打动消费者，这才是品牌的力量。

董明珠在成为格力的领导者后，她所做的第一件事便是停止使用成龙作为代言人。她表示，自己可以成为代言人，将原本支付给成龙的费用用于回馈消费者。实际上，成龙并非被裁，而是转投了志高空调。面对此景，董明珠或考虑另寻代言人，抑或保持缄默。但她却将代言人费用转而为消费者谋福，此举彰显了她对品质、价格及客户的深切关怀，这便是讲故事的艺术，将不利转化为有利。

董明珠为格力带来了巨大的品牌价值，这种价值主要体现在情感附加上。故而，众多消费者因对董明珠个人的信赖，而毅然选择格力空调。

总结而言，需求即价值，功能是基本需求，宣传是必要条件，而情感则是强烈需求。

至少需要满足这三层价值需求。功能是基础，如汽车用于驾驶，手机用于通信；宣传不可或缺，董明珠亲自代言，不仅节省了巨额宣传费，更增添了品牌魅力；情感则是强烈需求，需要为产品附加情感价值。

在当前商业环境和互联网信息高度透明的背景下，缺乏故事性将难以塑造品牌。一个缺乏故事性的企业，在互联网领域难以稳固其地位。当产品蕴含情感价值时，它将深入人心，影响每一位消费者。故事的真实性、数量，以及其本质的真相变得不那么重要。正是品牌故事的力量，使我们了解了舒尔茨，记住了董明珠，正如品牌故事在中小型企业成长期的品牌建设中所发挥的多方面重要作用。这种能力，即为品牌塑造中的讲故事艺术，缺乏故事性则难以成就品牌。

7

降本增效盈利模式

以小成本投入，面对无竞争的市场环境，实现丰厚的盈利，这才是真正的高手所为。

——陈疆同

高效削减非必要成本

众所周知，企业的盈利公式为利润等于收入减去成本。若成本得以降低，则利润自然随之提升。今日，我将深入介绍一种革命性降低成本策略。它远非仅仅提醒在使用空调时的精打细算，开关时机的选择，而是需要一种近乎"挥刀自宫"的决心与勇气。"挥刀自宫"意味着彻底的自我革新。

想必各位对金庸先生的武侠小说并不陌生，《辟邪剑谱》亦是耳熟能详。《辟邪剑谱》开篇即言："欲练神功，必先自宫"，意指必须舍弃某些部分，方有成就绝世武功之可能。实际上，在某些情况下，当我们舍弃某些事物，会发现随之减少的不仅是欲望，还有束缚，从而得以全身心投入修炼。那么，何为革命性降低成本呢？简而言之，即识别业务体系中的主要成本，并设法将其消除。

加法是人性，减法是反人性。

随着财富和欲望的不断增长，人们所追求的事物越发繁多，这正是人性的体现。所谓加法，即不断追求更多，是人性的自然倾向；而减法，则意味着逆人性而行，减少欲望；更为深远的是除法，它代表着在行动中不断缩小规模。

江南春，分众传媒的奠基者，独具慧眼地发掘了电梯广告这一蓝海市场。相较于传统媒体，如电视、杂志、自媒体等需依赖繁复内容制作以支撑宣传的现状，电梯广告以其无须内容制作的简洁性，成为江南春精准捕捉的市场契机，他果断地摒弃了内容制作这一环节。相较于传统广告行业，这无疑是一次重大的革新与创新。因此，分众传媒自 2003 年成立后，于 2005 年在美国成功上市。

分众传媒不仅在广告内容上进行了革命性的简化，还实现了广告成本的降低、品质的提升，以及广告的强制性。往昔，步入电梯的瞬间，人们往往陷入尴尬与无措之中。而电梯广告的适时出现，恰似一剂解药，为人们提供了转移视线的焦点，避免了面面相觑的窘境。尽管随着移动设备的普及，电梯内观看广告的频率有所下降，但其曝光率和触及人数依然很高。尤为重要的是，广告成本的锐减，使客户投放广告的费用变得更为亲民，与电视广告相比，其高性价比不言而喻，这无疑是分众传媒革命性降低成本战略的鲜明体现。

星巴克和瑞幸咖啡是大家耳熟能详的品牌，但在瑞幸出现之前，85℃曾在国内迅速扩张，一年内成立了超过 4000 家门店。85℃与瑞幸咖啡一样，都实现了革命性降低成本运营。85℃通过放弃大型店面和昂贵的装修，转而采用小店面和通宵营业的模式，显著降低了房租和装修成本。此外，通过外卖战略和中央厨房的计划性生产，有效控制了人工和原材料成本，实现了与星巴克相比价格更亲民的市场定位。

咖啡店无须占用广阔空间，85℃专注于咖啡供应，顾客得以快速取餐离店。瑞幸咖啡也采取了类似的模式，其门店通常位于办公楼大厅的一隅，装修简约，仅配备少量座椅，大多数顾客都是带着咖啡离开，继续他们的工作或活动。瑞幸咖啡通过创新的运营模式，显著降低了商品成本、人力成本和租赁成本，实现了成本结构的优化。例如，通过提高门店运营效率、降低采购成本、控制人力成本和精简门店结构，瑞幸咖啡成功地将单杯成本从 2018年一季度的 28.0 元降至 2019 年一季度的 13.3 元，这不仅提升了盈利水平，也代表了对传统盈利模式的创新。

于创新模式之初，我们宜自问：该业务之最高成本，是否有可能予以消除？江南春消除了广告内容制作的成本，瑞幸咖啡和 85℃ 则消除了咖啡店的房租和装修成本，他们都开创了全新的商业模式。

以如家酒店为例，这家酒店没有豪华的大厅、购物场所、高档餐厅，甚至没有商务会议设施，这些成本都被削减了。如家酒店的定位是满足差旅商务人士和自费旅游者的基本需求——睡眠和上网。因此，如家酒店仅提供这两项服务，从而节省了其他成本。如家酒店仅用四年时间就在美国上市，其模仿者汉庭酒店、7 天酒店也相继上市。资本市场特别青睐那些能够革命性降低成本、颠覆传统行业模式的企业。

以上案例意在强调一个关键点：降低成本时，绝不能以牺牲目标客户的满意度为代价。革命性降低成本的实现，源于削减了与目标客户需求不直接相关的成本项目。例如，分众传媒就锁定了那些对广告内容不感兴趣的人群作为目标受众。

如家酒店通过削减其他所有成本，确保仅提供睡眠、沐浴、上网等基础服务，从而实现了价格的革命性降低。这使该酒店成为商务旅行者、自费旅客等群体的首选。

由于职业关系，我们经常需要出差，前往客户处提供咨询服务。有一次，我们乘坐的航班于早上 8 点起飞，整个飞行过程耗时 40 分钟。航班通常会提供餐食，但在这次航班上，由于大多数乘客可能已在出发前用过早餐，因此在起飞和降落过程中不提供餐食。飞行时间短暂，我们迅速为乘客分发了三明治。但这种做法可能给乘客带来不便，引发对服务的不满。实际上，这部分成本是不必要的，甚至可能降低客户满意度。

有人或许会认为，区区一个三明治的成本不过 10 元，但需明白，航空食品的标准极高。为了满足航空运输规定及迎合乘客口味，一个食品项目需要投入巨大的研发成本，可能涉及数亿元的生产设备投资及相关人力资源配置。因此，一个三明治的成本或高达百元。若能省去这部分开支，利润将显著提升。

企业在运营过程中，若能发掘一种高效削减非必要成本之道，必将开辟出广阔的盈利蓝海。这呼唤我们不断求索创新之路，勇于面对挑战，力求实现自我蜕变，进而开创前所未有的商业模式。

8

赋能模式

深度链接，让客户除你之外别无选择。

——陈疆同

为用户提供价值

所谓赋能，即直接为用户提供价值。卓越的企业能够使客户对其产生依赖，以至于除了选择自身外别无他途，这正是伟大企业的标志。那么，伟大的企业应当如何实现这一目标呢？

众所周知，收割机是农民用于收割庄稼的工具，但是否深入思考过，机械本身仅是达到目的的手段。农民的核心需求在于如何更高效地降低生产成本，同时增加粮食产量。因此，出现了这样一家专注于农业机械的企业，例如，新远农机合作社不仅向农民出租农机设备，还提供天气分析、耕种技巧以及基于市场行情的选品建议，帮助农民在不同季节销售利润更高的产品。它提供一站式服务，旨在降低生产成本、提高效率并增加收益。

在商业模式设计方面，有一句至理名言：客户需要的并非钻头本身，而是钻出的孔。客户需要的是墙上的那个孔，而非钻头。若能直接提供孔，双方即可实现互利共赢。

还有一家公司，我们几乎每日都在接触，却鲜有人知晓其名，它就是利乐包装公司（以下简称利乐）。全球约85%的乳制品包装盒和饮品盒由利乐生产，其在全球无菌包装市场的占有率极高，业绩斐然。

利乐的商业模式正是产品与耗材相结合的策略，即我们之前提到的剃刀＋刀片模式。起初，利乐以极低的价格，甚至不惜免费提供价值高达数百万乃至上千万元的设备生产线。随后，客户需向利乐购买的仅是包装耗材。许多人一听到这种模式便感到兴奋，认为自己的企业也可采用此策略。然而，若将价值不菲的设备交付给一家公司，而该公司最终无法生产出合格的产品，或产品销量不佳，那么这些生产线岂非将造成亏损？此外，如果客户在生产后更换耗材，是否同样会遭受损失？因此，若计划长期经营业务，我们必须拥有核心竞争优势，这些优势在于如何为客户创造更多价值。这是企业长期成功的关键。

此外，利乐还提供销售指导。利乐进入中国市场之初，并非急于销售产品，而是致力于改变中国人的消费习惯，将饮用豆浆的习惯转变为饮用牛奶。试想，若众人皆饮牛奶，包装盒的销售岂不水到渠成？因此，利乐不仅提供设备和耗材，还提供一整套市场解决方案。蒙牛、伊利等乳制品企业正是在利乐的扶持下成长起来的。从本质上讲，利乐是乳制品行业的咨询公司，它教授市场营销知识，指导建立分销渠道，传授国外先进的市场开拓经验，教授广告制作、终端门店建设，甚至负责中国首批乳业从业人员的培训。它是推动中国乳业发展的幕后力量。尽管我们无法确切知晓其具体收益，但根据利乐的全球销售数据，其每年乳制品包装的销售额大约可达818亿元。假设其中的50%归奶农所有，而其中25%左右为利润，那么25%即为100多亿元的收入。

实际上，很少有人了解利乐这家公司，也鲜有人知道利乐究竟赚取了多少利润，更不用说了解其盈利方式。这从侧面反映出该领域竞争者寥寥，因为一旦其神秘面纱被揭开，便可能吸引众多逐利者竞相涌入。故而，业界流传着一句话：企业经营的至高境界，在于以难以捉摸之道，攫取无形之利，而这正是利乐赋能模式的精髓所在。

再来看一个案例，卡地纳公司原本是一家医药品分销企业，主要业务是从药品生产商那里获得代理权，然后将药品销售给医院和药店。然而，在20世纪90年代，医院和药店开始联合起来对卡地纳施加市场压力，要求其降价，否则便不销售其药品。这导致卡地纳面临下游的强烈挤压，而上游的药品生产商又不愿降价，卡地纳的处境一度变得十分艰难，毛利率从原来的10%下降到了4%，最终甚至降至1%。在这样的环境下，大多数公司往往会沉沦多年，最终逐渐消失。

然而，卡地纳展现出了其强大的适应能力，硬是在这种环境下杀出一条血路。根据《财富》美国500强排行榜，卡地纳健康公司在2013年排名上升至第19位，并在2017年进一步提升至第15位，年营收达到1215亿美元，超过了IBM的市值。

并非你所处的行业难以经营，而是企业经营面临挑战，这两者之间存在本质的区别。在任何行业中，总会有企业脱颖而出成为独角兽，关键在于如何构建盈利模式，如何发掘利润源泉。每个行业都潜藏着创新的盈利机会，若缺乏创新，便可能在市场竞争中落败，最终一味付出却无所获。

以卡地纳为例，探究其成功的策略。卡地纳首先着手研究如何帮助客户解决关键问题，而解决客户问题的前提是识别出客户面临的具体问题。最终，卡地纳发现医院面临的五大主要问题。

第一，资金短缺。人们通常认为医院资金充裕，但在美国，由于全民医保制度，医院的运营资金主要依赖于国家支付。若国家延迟支付款项，医院将随即陷入资金周转的困境之中，从而导致医院资金匮乏，这成为亟待解决的重大难题。

第二，医院缺乏药剂师和护士，这两个职业的人手严重不足。

第三，药剂师短缺容易导致药品发放错误。

第四，药品发放错误会引发用药错误，而根据美国医学研究院的数据，错误用药每年导致至少150万人受害，其中至少7000人因此死亡。

第五，手术用品的准备流程极为烦琐，特别是器械与材料的精细配比和巧妙搭配，手术中更是需要精心准备多种型号的钳子、棉签，以及精确计量麻醉剂等。

面对这五大问题，卡地纳采取了何种解决方案呢？

首先，卡地纳为医院和药房提供了一个名为欧文药房的信息管理系统，有效解决了药品管理难题。以往医院采用手工记账，药品的存放位置完全依赖于药剂师的记忆，导致药剂师必须长期驻守，熟悉数年才能掌握。现在，借助这套系统，只需输入所需药品，系统便会指示药品的具体存放位置。卡地纳原本从事药品分销，因此对药品管理信息系统的构建了如指掌，极大地减轻了医院、药剂师以及药品库存管理的负担，缓解了医院资金短缺的问题。

其次，卡地纳还创新研发了名为派克斯的机器人。在 AI 技术日新月异的今天，机器人在酒店和餐饮业提供智能化服务的现象已屡见不鲜，而派克斯机器人的出现，无疑为医疗行业带来了全新的变革。卡地纳开创先河，将机器人技术引入药房，替代药剂师和服务人员，只需轻点屏幕输入药品名称，机器人便能迅速响应，精准完成取药与配药流程。若输入的药物存在相互作用问题，机器人还会发出警报和反馈，从而有效降低了用药错误和配药错误的发生。卡地纳通过建立药房管理系统和提供派克斯机器人，彻底解决了医院的五大难题。

由于卡地纳解决了医院的诸多痛点，医院自然更倾向于向其采购药品。此外，还有一个额外的好处，医院中众多病患通过该信息系统取药，形成了庞大的数据集。卡地纳可以利用这些数据向药品生产商反馈，指导他们生产药品，从而实现了对产业链上下游的双重服务与赋能。

卡地纳不仅重塑了一个行业，将其打造为一条紧密相连的产业链，更以其为核心，牢牢掌控上下游资源，这便是赋能模式的真谛所在。简而言之，深入理解用户的使用场景，体验并解决其痛点，提供相应的解决方案，这便是赋能模式的核心理念。

9

S2B2C 模式

企业的成长空间受限于老板的认知范围，老板的视野有多宽广，企业的发展潜力就有多大。

——陈疆同

S2B2C 模式打造产业链平台

有人曾经提出，未来十年的黄金风口将是 S2B2C 商业模式。

海澜之家通过十年的数字化转型，成功地从一家传统的服装零售店转变为一个集研发、生产、服务于一体的 S2B2C 产业平台。海澜之家品牌管理有限公司构建了三大数字化平台，实现了生产成本、研发、动销的系统化解决方案，打造了一个轻资产、低风险、高价值、强现金流的产业赋能平台。若对转型的实施方法尚存疑虑，那么你的企业可能会落后十年。

其实，转型的方法并不复杂，深入剖析服装行业，将能够理解其他行业应如何进行操作。服装行业主要分为三个层次：

第一层次是重资产直营模式。

许多商家亲自开设多家店铺，面临高额租金、库存积压、人工成本等风险，一旦经济形势发生变化，店铺收入锐减，资金链极易断裂，导致企业迅速陷入困境。拉夏贝尔就是一个例子，不到四年时间关闭了 9000 家门店，一度负债高达 73 亿元。

第二层次是招商加盟模式。

以贵人鸟、美特斯邦威为例，这些品牌目前也面临困境，每年关闭数千家店铺。原因在于品牌方仅提供品牌授权，而由加盟商承担开店成本，品牌方对加盟商的运营状况缺乏足够关注，导致其对销售渠道的控制能力较为薄弱。因此，一旦品牌产品滞销，加盟商便可能转向其他品牌，导致大规模关店，最终使品牌声誉受损。

第三层次是直管式加盟模式。

海澜之家是这一模式的典型代表，其在全国范围内拥有 8000 家门店，其中大部分为加盟店，但品牌方会对这些加盟店实施直接管理。这种模式也被视为未来十年的黄金扩张模式。

如果想要加盟海澜之家，无需缴纳加盟费用，但需要支付 200 万元，其中 100 万元是装修费，总部会统一负责装修，另外 100 万元是货品押金，合同期限为五年，到期不继续经营，押金退还，关键在于支付这笔费用后，这五年就无需承担库存压力，卖不完的货品可以退回给总部，要知道，绝大多数服装店都是因库存问题而陷入困境，因此，海澜之家相当于为加盟商解决了一个重大难题。

那么，盈利之后应当如何进行分配呢?

门店的每日营业额需汇总至总部，总部会依据营业额核算出 35% 的净利润，并于当日结算后返还给加盟商。加盟商在收到返利后，需扣除房租、人工成本、水电及物业管理等各项费用，剩余部分即为净利润。

海澜之家的核心优势是拥有强大的赋能体系，能够为加盟商提供店内全托管服务。例如，门店的供货、物流、产品陈列、促销活动、员工的培训和招聘等一切经营活动，都由海澜之家派专人帮打理，加盟商只需负责出资，非常省心，相当于傻瓜式加盟，即使不懂服装业，只要愿意投资，也完全可以加入进来。

海澜之家推出了一项极具吸引力的保底收益计划：每年只需额外支付 6 万元的管理费，即可在未来五年内至少收获 100 万元的税前利润，且利润无上限，这无疑是一种近乎无风险的投资选择。海澜之家不仅全力扶持下游加盟商，还广泛整合上游资源，涵盖上万家服装工厂。海澜之家在江浙地区发现众多小型服装厂面临订单短缺的问题，因此提出合作方案：工厂需提供设计师，根据流行趋势提交设计和样式，经海澜之家筛选后，工厂进行批量生产。若商品在两个销售季节后仍未售罄，海澜之家将退回商品。面对加盟商的销售困境，海澜之家还慷慨提供折价回购方案。此外，海澜之家创立了百依百顺、海一家等副品牌，专门销售打折和过季商品，从而在清理库存的同时实现盈利。为了扩大利润空间，海澜之家还建立了采购联盟，联合众多工厂共同采购布料，以降低成本。从表面上看，海澜之家是在销售服装，但实际上，它销售的是一个服装行业的经营系统。通过赋能，海澜之家将上下游的小微企业连接起来，成为碎片化生产力的组织者，将库存风险分散给上游的众多工厂，将开店的资金压力分散给下游的加盟商，从而打造了一个轻资产、低风险、高价值、强现金流的产业赋能平台。

美宜佳便利店是如何实现年营收 500 亿元，门店数量超过 3 万家，并在竞争激烈的市场中超越 7-11、全家等便利店的？大多数连锁便利店在发展到一定规模后，往往难以突破地域限制，例如山西的唐久、四川的红旗、北京的便利蜂等。美宜佳起源于东莞的便利店品牌，其通过独特的市场定位、密集开店与精细管理的"小而精"战略、强大的供应链体系以及对市场调研和风险控制的重视，实现了全国范围内的门店扩张。

美宜佳成功的秘诀在于其三大创新策略。首先，在选址上，美宜佳采取了差异化策略。面对 7-11、沃尔玛、家乐福等已在东莞站稳脚跟的老牌企业，它选择避开竞争激烈的商业区和闹市区，转而进驻工业区、居民区和城乡结合部。这些区域租金较低，人口密集，竞争较少，为美宜佳提供了良好的商业环境。

其次，美宜佳在加盟模式上也独树一帜。与同行动辄六七十万元的加盟费用或阶梯式抽成模式不同，美宜佳将加盟门槛大幅降低，大约 20 万元即可开设一家门店，且总部仅通过供应链盈利，不收取额外分成，这对加盟商而言无疑是一大利好。因此，美宜佳在发展高峰期，每月新增门店数量可达四五百家。然而，美宜佳之所以能成为拥有 3 万家门店的行业巨头，关键在于其对加盟商的全面赋能。

首先，便利店行业虽入门易，但竞争之激烈，不容忽视。美宜佳为加盟商提供选址服务，派遣拓展专员利用数字化系统，帮助加盟商在区域内筛选出最适合的开店地点。

其次，美宜佳在供应链方面提供支持。起初，美宜佳赋予加盟商自行采购商品的权利，然而，由于质量问题时有发生，美宜佳毅然决定构建专属的供应链体系。他们开发了一套"进存销"系统，加盟商需每日将补货需求发送至后台，系统会自动将配货单传至物流系统，由物流系统负责分拣、备货、配送，确保各门店商品质量统一。此外，美宜佳承诺常规商品两日一配，冷链商品一日一配，这极大地减轻了门店的库存压力。智能收银系统不仅能记录门店商品的销量，还能借助大数据分析，为加盟商精准筛选热销商品，有效规避滞销风险。美宜佳还允许加盟商根据自身情况灵活调整商品结构，如在酒吧附近开店的加盟商可以自行采购小洋酒销售，只要符合规范，美宜佳不会干预。

最后，对于没有经验的加盟商，美宜佳会提供定期培训，涵盖系统使用、服务流程、活动策划等方面。门店步入正轨后，美宜佳还会定期派遣专业督导上门指导，并提供 24 小时客服支持，随时协助解决经营管理中的问题。

美宜佳并非通过开设便利店来盈利，而是将自己塑造成为一个"便利店制造平台"。它整合了上游供应链，并为下游加盟商提供了支持，自己并不直接经营任何店铺，却让超过 3 万家便利店为它效力。正如马化腾和阿里巴巴所预见，未来十年，S2B2C 模式将成为商业领域的一个黄金趋势。

为何 S2B2C 模式如此卓越？试想，在过去，我们从事商业活动时，总是与同行竞争产品、价格和服务，最终导致产品同质化严重，利润微薄，无人能够获得可观的收益。而 S2B2C 模式构建一个产业赋能平台，将同行转变为服务对象，使他们间接为你工作。这样一来，你的资产将变得更加轻盈，风险将逐渐降低，发展速度和收益水平也将焕然一新。

我明白，一些企业主可能会质疑：我们这样的小公司，如何能够为他人提供支持？能维持自身运营已属不易！实际上，企业能在激烈的市场竞争中站稳脚跟，必有其独到之处。深挖潜力，专注所长，提高其核心竞争力，方能铸就本土特色鲜明、精致高效的赋能平台。

解析一个成功运用 S2B2C 模式的品牌——贝壳找房，它自 2018 年 4 月成立以来，通过技术驱动的品质居住服务平台定位，迅速发展并在 2020 年 8 月 13 日正式在纽交所挂牌上市，成为居住服务平台第一股，远超同行业竞争者。

2007 年，链家董事长左晖意识到公司内部存在严重问题，派系林立，内部斗争不断。面对这些棘手问题，左晖束手无策，最终毅然决定投入 5000 万元巨资，采取了一项令人瞠目结舌的行动。当时，所有人都认为左晖疯了，因为这笔钱足以让链家开设数百家新门店，但左晖坚持将资金用于聘请 IBM，为链家进行"治疗"。IBM 为左晖提供了 8 套商业模型，其中一种"收费站模式"被左晖采纳，并在此基础上创建了贝壳找房。贝壳找房，由链家升级而来，成立不到两年即成功上市。贝壳找房上市后，市值一度达到 940 亿美元，约合人民币 6000 亿元，成为房地产经纪行业的领导者。这究竟是一种怎样的神奇模式？

在贝壳找房出现之前，中介行业通常有两种扩张模式：一种是加盟模式，以德佑为代表，依靠社会资本，两年内开设了 1 万多家门店；另一种是直营模式，以链家为代表，依靠企业资源进行扩张，二十年内开设了 1 万多家门店。贝壳找房并未沿袭这两种传统路径，左晖怀揣着更为宏大的愿景：他精心打造了一个 S 端平台，旨在通过赋能并服务于其他同行，让整个中介行业都汇聚在他的麾下。短短几年，贝壳找房就积累了超过 50 万名房产经纪人、近 300 个中介品牌，门店数量超过 4 万。这具体是如何做到的呢？

1. 寻找行业痛点

传统中介行业积弊已久，长期以来饱受诸多问题和痛点的困扰，致使整个行业声誉蒙尘。例如，B 端中介常因争夺同一房源而争执不休，甚至互相撬单，陷入恶性竞争之中。C 端客户则频繁遭遇黑中介的欺诈，如虚假房源的误导，或中介故意隐瞒房屋缺陷、巧立名目过度收费等。

2. 解决痛点

贝壳找房精心打造了一套名为"ACN 合作网络"的体系，将房屋交易流程细化为多个关键环节，包括房源录入、实地勘察拍摄、钥匙托管、带客看房以及成交签约等，确保每一步都有专业中介参与。中介可以根据自身能力，担任一个或多个角色，并在交易完成后根据分工获得相应的佣金。一套房源对应多个中介，客户也不必担心遭遇虚假房源和被宰割。这种模式将以往单方面竞争、单方面失利的野蛮法则转变为多方共赢的文明生态，吸引了众多同行争相加入。

3. 拓展盈利渠道

贝壳找房平台对在其平台上成交的房产收取的佣金比例为 3%，其中卖方 1%，买方 2%，此外还有统一的权证代办费用和贷款服务费，总计 4000 元。在连接了大量房源和中介商之后，贝壳找房进一步拓展了二手房买卖、装修、家政甚至金融服务等业务领域，前景广阔。

过去，我们做生意通常是向上游采购商品，或者自行生产商品，然后销售给下游消费者，从中赚取差价。但 S2B2C 模式是构建一个服务同行的"收费站"，同行的"车辆"通过此地必须支付费用，从而从整个行业的交易额中分一杯羹，其中的差异不言而喻。

以一位幼儿园经营者为例，他在创业初期通过贷款 500 万元开设了一所幼儿园。几年后，该幼儿园实现盈利，他又筹集了 800 万元资金，开设了一所规模更大的幼儿园。经过十几年的发展，他总共开设了 5 所幼儿园。然而，因不可抗力导致的线下教学长期停滞，他的公司也面临了资金链断裂的困境，这并非个例，多家幼儿园因资金问题而倒闭，家长退款无门。在我们的建议下，他决定采用 S2B2C 模式进行业务重构。

首先，识别行业痛点。

该行业存在许多中小规模的幼儿园，这些幼儿园缺乏品牌影响力，客户群体有限，管理经验不足，师资力量和客户运营方面存在明显短板，导致产能无法得到充分利用。

其次，通过赋能 B 端解决行业痛点。

该经营者将自己多年经营幼儿园的经验进行总结并形成一套完善的系统，以此来赋能同行业的其他经营者。他向他们传授管理经验，协助团队建设，指导客户关系经营，推动品牌宣传，并助力实现互联网转型，从而显著提升了他们的盈利能力。作为回报，他从中获得服务费和赋能费。仅仅一年时间，他便成功与 50 余家幼儿园携手合作，成功转型为轻资产的幼儿园连锁平台。目前，公司的年利润是之前经营幼儿园时的十几倍。

最后，连接 C 端以拓展盈利渠道。

随着合作幼儿园数量的增加，他掌握了大量家长和孩子的数据。基于这些用户需求，他进一步拓宽了业务范畴，携手专业培训机构，推出了涵盖英语、舞蹈、美术、游泳等领域的兴趣课程，为幼儿园增添了增值服务项目，并成功从中获取了经济回报。

近年来，越来越多的品牌通过 S2B2C 模式在激烈的市场竞争中脱颖而出。例如，海澜之家、名创优品、蜜雪冰城、7-11、华莱士等均采用了这一模式。

进一步探讨 7-11 的运营策略。该品牌在全国范围内迅速扩张至 7 万家门店，而其老板并未投入一分钱。他完全依靠众多同行积极主动地为他开设门店，并为他效力。更为奇特的是，7-11 并不依赖于商品销售来盈利，而是通过为同行提供培训服务来赚取学费，其毛利率高达 90%。7-11 便利店的商业模式彻底颠覆了传统零售行业，其成功的运营策略和对消费者需求的精准把握被誉为日本最成功的商业模式之一。尽管听起来复杂，但实际操作并不难，了解之后，各个行业均可以应用。

7-11 的创始人在创业初期就思考了一个问题：如果每开一家新店都要自己投资房租和人工，那么扩张速度将非常缓慢，要实现成千上万家店的目标将遥不可及，而且风险巨大。他注意到街边有许多传统的小商店，尽管地理位置得天独厚，但这些小商店却因陈列杂乱、装修简陋、缺乏吸引顾客的特色商品，加之未涉足线上营销，导致客流量稀少，进货成本高昂，利润微薄，产能严重闲置。7-11 的创始人忽生妙计，意识到若能给这些商店注入活力，助力其经营升级，它们便能摇身一变，成为 7-11 大家庭中的一员。

于是，7-11 招募了大量业务员，与这些夫妻店老板洽谈合作。业务员诚恳建议：单打独斗的时代已经过去，那只会让您身心俱疲，收益微薄。与我们合作吧，我们将提供品牌，帮助您提高客单价；提供供应链，确保价格更低、品质更优，从而增加利润；提供爆品，吸引大量顾客；并协助您进行货品陈列和经营优化等。尤为值得一提的是，我们非但不收取任何加盟费用，还承诺在合作初期，确保您的月收入不低于 2 万元，超出的部分，我们将与您公平地五五分成。商店老板们感到非常激动，认为这是难得的机遇，于是纷纷同意合作。

因此，7-11 通过这一策略，无需自掏腰包就实现了快速扩张，其品牌遍布大街小巷，7 万家门店中有 80% 是通过这种方式转型而来的。

这只是 7-11 对下游的赋能，其对上游供应链的整合更是令人称奇。拥有 7 万家门店的 7-11 吸引了众多批发商争相与其合作。7-11 不仅要求供货价格足够低廉，还要求批发商在 7-11 门店所在的各个地区建立配送中心，并由批发商负责从供应商处收集商品并配送至门店。

7-11 的这一策略实在是高明！它无需承担上游的库存管理和物流配送任务，同样也不涉及下游的房租支出、装修费用及人工成本。它尽管从事的是传统生意，却跳出了单纯通过销售商品赚取差价的模式，坚决不与同行在同一维度竞争，它化身为便利店行业的培训导师，凭借轻资产运营模式，实现了低风险、高效率的扩张。这种价值是传统商店所无法比拟的。

7-11 的模式正是阿里曾鸣教授所预言的：未来十年传统企业创新转型的黄金风口。也是马化腾所指出的：C 端市场红利逐渐消失，互联网的下半场属于 B 端，未来将取决于谁能对 B 端进行赋能。

该模式不仅适用于便利店行业，实际上，它适用于各行各业。例如，水果行业的百果园、天香果园以及晨光文具均采取了类似的经营策略。我们的一位客户——孙老板，在整形医院领域深耕细作，仅用短短三年时间，便实现了年产值近五亿元的佳绩。孙老板所采用的 S2B2C 模式，值得各行各业的经营者借鉴。孙老板没有选择传统的广告投放方式吸引顾客，而是独具慧眼地将目光聚焦于美容院，因为这些场所往往是潜在整形顾客频繁光顾之地。因此，孙老板决定直接为美容院提供支持，通过线上短视频直播，向美容院老板传授经营之道，包括如何打造热销产品、如何有效运用社群营销、如何构建业务团队等，从而吸引了众多美容院老板的关注。

随后，孙老板派遣专业的业务团队与美容院老板进行接触，并邀请他们参加线下的交流活动，以进一步深入学习经营策略。仅需交纳 500 元的场地费用，美容院老板即可参与此次盛会。当美容院老板齐聚一堂时，孙老板便向他们介绍成为整形医院代理商的机会，并收取 3980 元的费用。一旦成为代理商，美容院将享受高额的返利政策。对于那些美容院难以独立操作的项目，整形医院将提供全力支持。此外，这些项目往往涉及大额订单，一个月内可能带来的返利高达数百万，这一数字甚至可能超越美容院一年的盈利总和。

除此之外，美容院还将获赠一套先进的直播销售系统。借助该系统，美容院能够轻松地将客户引领至直播镜头前，由专业的讲师在线进行详尽的产品介绍与销售。一旦交易达成，美容院即可获得相应的利润分成。

最终，孙老板在全国范围内整合了数千家美容院的资源，不仅实现了丰厚盈利，还有效解决了客流量的问题。实际上，这些品牌所在的行业均为传统行业，其产品和服务未必优于竞争对手，但它们之所以能够脱颖而出，根本原因在于商业模式和思维认知上的差异。例如，LV 通过其对产品质量的严格要求和传奇的品牌案例背景，建立了消费者心中无与伦比的高品质形象。而佐丹奴则通过色彩斑斓的服装和独特的品牌标识，成功地吸引了消费者的注意。这些品牌案例的清晰性和品牌特征的鲜明性，通过多种渠道传播，使得品牌与消费者之间建立了情感共鸣，从而在传统行业中脱颖而出。企业的成长空间受限于老板的认知范围，老板的视野有多宽广，企业的发展潜力就有多大。

因此，老板的思维模式应避免僵化，需持续学习并借鉴优秀的商业模式，从中汲取宝贵经验，以确保企业能够紧跟时代步伐，不断前行。

10

爆品模式

老板要思考如何设计一款爆品，攻破用户心智。

——陈疆同

如何设计爆品，攻破用户心智

在本篇文章中，我们将探讨爆品模式，并通过几个实例进行说明：

以一家烧烤店为例，它从最初的五张餐桌起步，发展至今，在全国拥有超过 170 家门店，年收入达到 14 亿元，连续多年成为烧烤行业的领头羊。这家店，就是广为人知的木屋烧烤。尽管它是一家烧烤店，但其收入来源并不仅是烧烤本身。

首先，我们来谈谈如何通过打造爆款产品吸引顾客流量。

木屋烧烤的顾客都知道，该店在晚上 10 点之后对海鲜产品实行半价促销，每晚的生意因此火爆。不仅如此，木屋烧烤的老板还宣布，店内的羊肉串 8 年来价格保持不变，这种看似慷慨的做法实际上为店铺积累了大量忠实顾客，并提升了木屋烧烤的知名度。或许有人会质疑，这样的经营策略如何盈利？请继续阅读以了解详情。

在获取了大量顾客流量之后，盈利自然变得相对容易。木屋烧烤以海鲜与羊肉串双星闪耀为招牌，但食客们在享受炭火之味时，往往也会探寻其他美味，诸如烤鱼之鲜、鸡翅之香、肥牛之嫩，这些多样选择构成了木屋烧烤盈利的丰富版图。

在烧烤的场合，啤酒是不可或缺的饮品。木屋烧烤并未采取常见的做法，即从外部购入大量啤酒以赚取差价，而是推出了自家独家的精酿啤酒，并告知顾客这种啤酒在外面是买不到的。尽管每瓶售价 20 元，高于市场价，但出于对独家产品的猎奇心理，顾客往往愿意尝试。

尽管木屋烧烤的精酿啤酒独步江湖，然而与市场上 5 元一瓶的普通啤酒相较，其价格确实高出不少，这或许会让部分顾客在消费前稍有迟疑。为了促使顾客愿意消费，木屋烧烤在食物上进行了特别的处理。尝试过他们烧烤的顾客会发现，其烧烤口味偏咸或偏辣，这样的设计实际上是为了刺激顾客购买啤酒。此外，木屋烧烤精心培训员工，传授他们高超的推销技巧，让每一位员工都能成为精酿啤酒的推广大使，热情洋溢地向顾客介绍这一独特佳酿。

为了留住顾客，木屋烧烤也采取了多种措施以留住员工，因为烧烤店员工流动性较高。木屋烧烤实行计件制，根据员工销售的串数分配收入，卖出 5000 串的员工自然比卖出 3000 串的员工收入更多。这一策略犹如催化剂，极大地激发了员工的积极性，进而带动了啤酒销量的稳步增长。

此外，木屋烧烤还引入了 PK 制来监督计件制。

木屋烧烤根据员工的业绩表现，将他们分为 A、B、C 三个等级。A 级代表优秀员工，占计件数的前 20%，B 级代表中等水平，占计件数的中间 70%，而 C 级则代表表现较差的员工，占计件数的后 10%。不同等级的员工工资差异显著，A 级员工的收入远高于 C 级员工。A 级员工一个月的收入，C 级员工可能需要数月才能达到。

不仅如此，木屋烧烤更将 PK 制广泛渗透至各个层级，无论是白班与白班的竞技、夜班与夜班的比拼，还是门店间的较量、管理层间的角逐，均无一遗漏。这种 PK 制的效果十分明显，懒散的员工逐渐被淘汰，而其他员工则以获得 A 级为目标，努力工作，从而显著提升了门店的运营效率。

木屋烧烤还设计了三层激励机制来奖励员工。对于基层员工实行多劳多得的制度。管理层采用绩效 PK 工资制，表现优异的管理者将获得额外的绩效工资。核心团队成员则有机会获得股权和分红，以及参与品牌创业。

木屋烧烤在很大程度上将利益让给员工和管理层，激发了他们的工作热情，从而使木屋烧烤成为本行业的佼佼者。尽管近年来疫情对餐饮业造成了巨大冲击，但木屋烧烤依然实现了 14 亿元的营收。木屋烧烤的愿景是：在未来 12 年内，门店数量超过两万家，市值达到 3800 亿元！

在当下这个瞬息万变的时代，那种单纯依靠顾客主动上门、仅凭销售产品赚取差价的传统商业模式，显然已难以立足。现在需要转变思维，从销售产品赚钱转向通过产品吸引粉丝，前期通过让利给客户积累流量，随后推出盈利产品，吸引更多人参与，从而实现更大规模的商业发展。

以一家小面馆为例，它凭借"免费续面"的策略创造了 3.3 亿元的面馆神话。这就是 2020 年成立的"陈香贵"，凭借一碗普通的兰州牛肉面，在短短两年内，在 13 个城市开设了 200 多家直营店，年营收达到 3.3 亿元，同比增长率高达 1292%。究竟是何原因，让这家面馆得以如此迅猛地发展？

我用三分钟时间，详细阐述陈香贵实现客流量激增以及利润翻倍的策略。

通过实施差异化经营策略，成功吸引更多顾客。

在全国范围内，约有 50 万家面馆，其中一半位于街道旁的兰州拉面，环境可能略显脏乱，形象略显低调。而陈香贵选择将店面开设在高端商场或购物中心，并将店面装修得简约明亮、干净卫生，令人耳目一新，吸引了众多具有消费能力的白领阶层。顾客一踏进店门，便能清晰地看到"免费续面"的标识，这又吸引了那些食量较大的顾客群体，从而迅速扩大了客户基础。

踏入陈香贵的门槛，一眼便能留意到那个小巧而实用的单人洗手台。自疫情以来，餐前洗手的习惯蔚然成风，使得这里的洗手台时常队伍蜿蜒。从外部望去，店内生意兴隆，与周围冷清的餐厅形成鲜明对比。在这种情况下，你可能会不由自主地被好奇心驱使，想要一探究竟，为何陈香贵的店铺前有如此多排队的顾客。

凭借这些策略，陈香贵确保了充足的客流量。通过产品组合策略，提高客单价，从而赚取更多利润。生意的成功取决于流量和变现能力，客流量有了保障，那么如何赚取更多利润呢？

陈香贵在顾客点餐流程中巧妙设计了一个环节。店内设有精致的烧烤台，厨师正在烤制羊肉串，撒上孜然，香气四溢。每当顾客悠然走过，烤串师傅便会热情地招呼，邀请他们品尝那香气扑鼻的羊肉串，一份5串，仅需16元。面对这额外的诱惑，加之原本已点的拉面26元，整套餐点不过40元，顾客往往难以抗拒，欣然提高了消费金额。陈香贵的利润增长策略是经过精心设计的，从拉面到羊肉串，整个业务流程都旨在提升顾客消费。

在不能堂食的情况下，陈香贵是否就没有生意了呢？答案是否定的。陈香贵的生意非但未减，反而愈发红火，这得益于他果断开展线上业务，创立了"陈香贵优选"，不仅供应基础民生物资，还积极动员小区业主成为志愿者团长，携手共赴社区团购的浪潮。

许多老板可能会说，他们也尝试过社区团购，但效果并不理想。这是因为许多企业对待产品和服务的态度都是敷衍了事。而陈香贵则提供了许多超出顾客预期的体验，比如遇到蔬菜损坏、鸡蛋破碎等问题时，支持全额退款，并在基础套餐中赠送葱姜蒜等调味品。这些贴心的举措如同春风化雨，为陈香贵赢得了广泛的赞誉与良好的口碑。这让陈香贵在上海的10家门店中，有一家店的营业额创下了历史新高。

因此，生意难做的原因并非时代变迁，而是经营观念未能与时俱进。过去，我们的利润微薄，是因为我们犯了两个错误。产品同质化严重，迫使我们与同行进行价格战，最终导致双方都无利可图。那么，我们应该怎么做呢？可以效仿陈香贵，提升产品和服务质量、实现产品差异化，增加附加值。再者，若仅仅依赖单一的盈利途径，无疑是将自己推向了绝境。

在激烈的市场竞争中，陈香贵并未采取降低客单价的方式来吸引顾客，而是将卖面与卖羊肉串相结合，实现多点盈利，从而取得成功。因此，资本市场对兰州拉面品牌陈香贵十分看好，其在 2021 年 7 月完成了过亿融资，由元正心谷领投、云九资本跟投，估值已接近 10 亿元。看到这里，我们不妨思考：企业如何吸引顾客，通过后端产品链实现跨界盈利？在不确定性因素来临时，企业是否仍能持续增长？唯有善用产品之长，于激烈商战中筑起坚固的竞争防线，方能稳操胜券，屹立不倒。

来自安徽农村的年轻人刘会平，凭借创新的商业模式，成功地将巴比馒头这一包子企业发展成为上市公司。巴比食品在上交所挂牌上市，市值一度达到76.19 亿元，成为"中国包子第一股"，实现了许多商业巨头未能达成的成就。

巴比馒头创始人刘会平，通过专注早餐连锁经营、中式面点研发制造、新零售电商平台打造，实现了年销 10 多亿的业绩，并在全国开设了超过 2800家连锁店。

这套商业模式值得各行业企业家借鉴。

实际上，刘会平的创业之路并非一帆风顺。初到上海的前两年，他连续开设的两家包子店均以失败告终，还背负了一笔不小的债务。于是他开始思考，为何其他人的生意如此兴隆。

后来他洞察到问题的症结所在：上海人偏爱清淡偏甜的口味，而他的包子却沿袭了偏咸偏辣的安徽风味。产品未能契合市场需求，失败自是难免。

于是，刘会平花费一年时间，尝遍上海的特色小吃，并观察了许多包子铺的经营状况。至第三年，他于繁华的南京路上开设了刘师傅大包，凭借美味的产品与得天独厚的地理位置，店铺迅速走红，门庭若市。

因此，很多时候，生意难做的原因并非市场本身，而是我们的经营方法不当。

后来，一位老顾客无意中的一句话点醒了刘会平："刘师傅，你的包子虽然好吃，但不好意思带到办公室，同事们都是拿着星巴克的咖啡杯，而我却只能拎个塑料袋。"这句话给了刘会平当头一棒，让他猛然醒悟：食物的精髓在于品质与味道，这是其内在价值的基石；而品牌形象，则是其外在风采的展现。刘师傅的包子，尽管美味无比，却始终难以跻身高雅场合。在刘会平看来，包子和馒头并不逊色于洋快餐，完全可以实现连锁化经营，因此他立志要将包子店打造成包子界的肯德基、麦当劳。为了实现这一目标，刘会平采取了五步策略，每一步都令人赞叹。

第一步：品牌化

为了转变传统包子店的固有形象，刘会平精心挑选了一个时尚且具有国际气息的品牌名称——巴比馒头。此举成效显著，吸引了周边写字楼白领群体的青睐。

第二步：研发爆品

为了提升门店的竞争力并实现差异化经营，刘会平在包子中融入了正餐炒菜的元素，推出了川菜、湘菜、粤菜等风味的包子。特别在某年春节期间，巴比馒头推出了粉色表皮的红运包，采用豆沙为馅料，以西瓜汁、草莓汁和面，一经推出便受到消费者的热烈追捧。

当然，巴比馒头并非随意推出新品，其产品均经过超过100次的试吃测试，确保上市即能引爆市场，供不应求。

第三步：迭代单店的盈利策略

尽管包子深受顾客喜爱，然而早餐时段过后，店铺便门可罗雀，加之黄金地段高昂的租金，使得仅靠早餐业务难以充分发掘资源潜力。

因此，刘会平决定延长营业时间，从凌晨4点持续至晚上8:30，转型为全时段餐饮服务。然而，考虑到顾客不可能一日三餐均以包子为主，刘会平在午餐时段推出了水饺、拌面和炒饭，下午茶时段则推出了关东煮。这一策略实际上是从顾客需求出发，利用核心产品占据不同的用餐场景。此外，这也为巴比馒头增加了外卖业务，拓宽了盈利渠道。

第四步：建设中央厨房

巴比馒头之所以能够不断推出爆品并持续创新，其背后强大的中央厨房功不可没。刘会平意识到，中国餐饮企业发展的瓶颈在于产品标准化的难度。因此，在积累到第一个 100 万元的财富后，他决定投资 80 万元建立中央厨房，以实现馅料的统一加工和成品直接配送至各门店。这一举措不仅有助于降低生产成本，还通过集中的大规模采购和集约化的生产流程，确保了食品的安全性和口味的标准化。此举不仅为食品安全提供了保障，也为加盟模式和门店快速扩张奠定了基础。

第五步：扩张裂变

刘会平意识到，单靠直营模式扩张，即一家家开设新店，将面临资金投入大、人力资源管理复杂、风险控制困难以及管理难度增加等问题，这将导致全国范围内的扩张过程漫长且充满挑战。因此，巴比馒头采取了特许加盟模式。

根据招股说明书，以及巴比馒头的加盟费用明细，投资者需支付 5 万～9 万元的加盟费、3 万元的保证金、约 6 万元的装修费、5 万～8 万元的设备购置费以及 0.25 万元的培训费，总计约 18 万元。鉴于门店平均年营收可达 34 万元，投资者有望在一年内回本。同时，公司还提供选址、装修、营销策划以及供应链和物流支持，即使非专业人士也能轻松开店。这一独特的经营模式，宛如磁石般吸引了大量的创业者，使得巴比馒头的门店如雨后春笋般迅速扩张至 4000 家之多。

因此，没有一个品牌能够仅凭一时的噱头或新鲜感长期占据市场，真正决定品牌发展方向的，是经过精心打磨、细心雕琢的硬实力。

在央视《对话》栏目中，曹德旺曾提及："我了解宗先生是做矿泉水的，矿泉水行业利润丰厚，几乎一本万利。"宗庆后听后急忙辩解："你错了，矿泉水行业利润微薄。"曹德旺又说："我弟弟在福建经营的京珠矿泉水销售火爆，你所从事的行业，我弟弟同样能够经营，真的，我也不知道他赚了多少钱。"

那么，矿泉水行业究竟是否盈利呢？去年，农夫山泉在港股上市，创始人钟睒睒一跃成为中国首富；而成立仅 5 年的元气森林，估值已达到 60 亿美元。然而，宗庆后为何声称卖水不赚钱？

在互联网尚未普及的时代，企业拥有控制权，通过广告宣传和渠道铺设便能迅速占领市场。正如宗庆后所言，过去产品要想在市场上取得成功，只需通过广告宣传和渠道铺设，几个月内便能打造爆款。娃哈哈的营养快线通过精准的市场定位和营销策略，在 2009 年一年内实现了 120 亿元的销售业绩。

然而，互联网的兴起实现了去中心化，信息变得透明，用户开始掌握主导权，故而，仅凭广告宣传已难以再缔造爆款产品的辉煌。那些成功的企业开始围绕客户需求开发产品，例如元气森林针对年轻人对健康的关注，推出了 0 糖、0 脂、0 卡的饮料，并采用极简风格的包装设计，迅速占领了国内 70% 的市场。根据市场研究，产品宣传、购买行为、控糖程度和产品体验是影响消费者购买的四个主要因素。元气森林饮品的气泡含量合适、定价合适以及加入天然代糖刺激有购买欲望的人群不断复购。

因此，爆品永远是企业的核心生存法则，任何企业都能借由爆品改写自身的命运篇章。然而，在互联网时代背景下，企业又该如何打造一款令消费者难以抗拒的爆品呢？分享一个打造爆品的黄金法则，所有企业都可以借助这一法则创造自己的爆品。

在家居装饰领域，有位名为"美猴王"的"学员"，成功打造了一款黄金爆品，仅用 20 天时间便实现了 6000 万元的营收，目前年收入已逾亿。那么，其具体操作手法究竟是什么呢？

1. 痛点法则

在传统工业时代，渠道的重要性不言而喻，渠道若能做得出色，产品只需达到基本标准，业务便能顺利开展。然而，在互联网时代，地域界限被打破，唯有满足用户的首要需求，才能赢得客户的忠诚。若仍在提供产品、服务的过程中持勉强、敷衍的态度，必将迅速被市场所淘汰。

美猴王专注于服务 80 至 120 平方米小户型客户，其经营者洞察到此类客户多为普通民众，面临装修周期短（急于入住首套房）与价格合理（偏好高性价比产品）两大核心需求。基于此，美猴王设计了一款产品：每平方米 599元，承诺 45 天内完成交付。

2. 尖叫点法则

雷军曾言：小米没有 KPI，若必须设立，那么我们关注的 KPI 有两个，一是用户使用我们的产品是否会感到惊喜，二是用户是否会将产品推荐给亲朋好友。这实际上是对一款产品是否能成为"爆品"的衡量标准：产品是否能极致到引发客户的尖叫。

为超越客户期待，美猴王承诺：45 天交付，逾期每日赔偿万元；599 元 /平方米，无额外费用；客户不满，按需重装，不惜成本。此外，他们还建立了一个大型体验店，将所有楼盘的所有户型设计组合好，并录入数据库，让用户通过 VR 眼镜提前体验。因此，他们的一场会销活动便实现了 6000 万元的订单额，竟有客户在房产未购之际，已预先锁定其家装服务。

3. 传播法则

若想让产品在市场上引爆，发现用户痛点是启动的油门，找到客户尖叫点是驱动的引擎，而找到传播的爆点则是放大器。在互联网出现之前，企业营销依赖电视广告、报纸等媒介；而在互联网时代，最佳的营销方式是口碑。然而，要促使客户主动传播，必须让他们看到实际利益，因为基于商业利益的关系，比单纯的人际关系更为持久。

故而，美猴王精心策划传播机制：引荐新客户，即赠平板电脑；若引荐逾两人，更可得苹果手机一部。他们公司一年内通过客户介绍实现的业绩高达 2000 万元。

因此，产品是吸引用户的入口，用户本身即企业的资产。只有将产品打造为爆品，用户才会纷至沓来。许多企业家热衷于研究商业模式，但实际上，在流量经济时代，掌握流量获取与管理策略，是商业模式成功的关键。没有流量，任何商业模式都只是空中楼阁。那些卓越的公司，从高层管理者到团队成员，从内部团队到销售渠道，都在集中精力、不惜代价地打造爆品。只要能打造一款爆品，企业便能焕发新生。没有传统的行业，只有传统的盈利思维。今日之商海波涛汹涌，并非由于行业本身暗流涌动，而是由于你依旧紧握十年前的盈利罗盘，试图在新时代的市场风浪中导航。倘若固执己见，不愿更新策略，最终恐将被那些敢于变革的先驱者所超越，黯然离场。这正是企业家需要不断学习和创新的原因。

11

超级个体模式

一个人，顶得上一家上市公司。

——陈疆同

打造个人 IP

在国内，若想申请在 A 股上市，需满足 3 年内累计净利润达到 3000 万元的条件。

近年来，随着自媒体的蓬勃发展，尤其是短视频的兴起，众多企业涌现，其团队规模虽仅几人至十几人，但利润却可达到千万乃至亿级。这些企业，被誉为"超级个体"，其盈利犹如破竹之势，往往远超那些树大根深的传统上市公司。

所谓超级个体，可理解为具有强大盈利能力的个人 IP 或创始人 IP，例如罗辑思维、樊登读书、刘媛媛、李子柒等，均是具有鲜明个性且盈利能力极强的个人 IP。

若你怀揣创业梦想，却因资金匮乏而踌躇不前，那么务必洞悉并掌握"超级个体户"这一创新模式，因为已有先驱者借此实现了年收入逾千万的辉煌成就。

1. 个体户与超级个体的区别

2. 知识销售乃最有利可图之业

3. 商业闭环乃实现变现之核心

个体户是以个人为经营主体的商户，例如开设餐馆、销售服装、经营理发店等均属于个体户范畴。

何为超级个体？其亦是以个人为经营主体的经济体，但与传统个体户不同，超级个体主要依托互联网作为经营平台，以个人 IP 作为品牌背书及流量入口。

我有一位学姐，她的盈利模式堪称典范，凭借情感 IP 在一年内创造了 1000 万元的收入佳绩。

这需从市场需求谈起，随着社会的快速发展，人们面临的压力日益增大，这不仅影响了已婚人士，也波及未婚青年。民政部门公布的数据显示，恋爱比例持续攀升，而结婚登记数量却大幅下滑，反映社会变迁下婚恋观念的深刻变化。这种变化可能导致一些人因恋爱婚姻问题而夜不能寐、泪流满面，甚至影响身心健康。

问题的根源，往往孕育着无限的商机。我的学姐敏锐地捕捉到了这一需求，然而，如何精准地触达这些被情感困扰的人群，却成为一个挑战。短视频成为最大的流量入口，于是她将情感知识制作成短视频进行引流。

当然，仅有流量是不够的，要想让粉丝信任并认可，还需构建一套自己的理论体系，形成情感专家 IP 背书。

个体户传统上依赖线下门店吸引客户和建立品牌，主要销售实体商品如服装、鞋子和化妆品。相比之下，超级个体通过网络流量和个人品牌效应，更倾向于通过销售知识产品实现变现，这种方式能够满足消费者的精神和知识需求。

以我学姐的情感领域为例，当她吸引了大量有情感问题的粉丝后，便能将情感专业知识转化为知识产品进行变现。

这种通过短视频吸引粉丝、打造 IP，再通过销售知识变现的方式，相信读者们已不陌生。然而，这种基础的变现方式并非唯一，要想通过知识变现获得更高收益，关键在于构建一套完整的商业闭环。

正如我学姐的做法，她首先精心录制情感课程，并以 9.9 元的亲民价格在短视频平台上推出，此课程仅为体验课，旨在吸引精准粉丝，进而引导他们添加个人微信，为后续咨询服务铺路。

情感咨询服务产品分为四种：一小时500元、一个月2000元、一个季度5000元、一年8800元。由于咨询者多为白领和高收入人群，大多数人会选择年度咨询服务。仅通过销售1000多个年度咨询服务产品，便能实现1000多万元的收入。

超级个体是否真的如此强大，能仅凭一人之力年入千万？

无论是网红、带货主播还是情感博主，均需建立个人IP。

个人IP犹如传统商业中的品牌，代表着背书和人格烙印。其背后还需有流量运营团队和变现团队的支持，才能实现年入千万。我的学姐起初是自行运营短视频账号，分享情感知识，取得成效后便开始团队化运作。

博主每日坚持8小时情感直播，其后将直播精华剪辑成短视频，由专业团队分发至20余个矩阵账号，实现内容最大化利用。

短视频主要用于引流和销售9.9元的体验课程，目的是将精准粉丝导入个人微信号。而负责运营个人微信号的团队由一组人专门负责销售咨询服务产品。前端引流团队3人，剪辑团队7人，咨询销售团队10人，总计20人的团队协同1位超级IP，共力实现年营业额破千万。

然而，这仅是我与学姐交流中获得的收入数据（保守估计），实际上他们的收入远超于此。例如，有报道提到一个90后率领20人团队，利用100个微信个人号为用户提供预订酒店服务，实现一年流水8000万元，复购约80%左右。

这种超级IP的前端引流、后端变现的商业闭环变现模式，不仅适用于情感领域，每个知识创业者均可借鉴。特别是那些有创业意向却缺乏资金的学者、专家以及各行业达人，更应学习这种变现模式，该模式依托轻资产运营，仅需承担团队及运营成本，其余开支微乎其微，凭借知识销售即可轻松获取高额回报。

12

定制模式

满足客户独特需求，玩转大客户。

——陈疆同

满足用户个性化需求

你若偏好麦片作为早餐，却对超市所提供的有限选择感到厌倦，那么请允许我介绍一家名为 mymusic 的公司。该公司能够在线提供多达五千种不同的麦片和谷物选择，只需在线挑选，公司便会根据你的需求，每日提供不同的麦片早餐组合。这种模式，我们称之为大规模定制。

以往，我们可能视此类需求为过分挑剔，但我要强调的是，这或许正是未来消费趋势的萌芽。现今的消费者与以往不同，他们不再满足于标准化商品，而是追求具有个性化和自我特色的商品。他们渴望产品或服务能彰显个性特质，那份独特性正是他们珍视的价值核心。

这也正是所有企业应当追求的目标：如何在满足用户个性化需求的同时，实现大规模生产。若大规模个性化生产难以达成，则每件定制产品都可能伴随着高昂成本，进而拖累企业的财务状况。

大规模定制的优势在于，用户无需支付额外费用即可获得个性化产品。对企业而言，这不仅是一种趋势，更有效的是，通过实施大规模定制，企业能够更深入地理解市场需求，分析用户需求和数据，以满足消费者对个性化和差异化的追求，从而在激烈的市场竞争中获得优势。许多企业在这方面都取得了显著成就。

例如，在服装行业，有一家名为李维斯的牛仔裤生产企业，它为消费者提供上千种牛仔裤的定制服务。消费者只需在网站上设定规格、标准以及颜色或款式，这些信息便会被输入李维斯的后台处理系统，两周至三周后，消费者便能在专卖店取到专属于自己的牛仔裤。这就是李维斯实现的大规模定制，正是这样的服务使李维斯在众多牛仔裤品牌中脱颖而出。

在家电领域，海尔公司于 2017 年和 2018 年推出了一个名为 COSMOPlat 平台的大规模定制平台，该平台通过社会化手段，将交互设计、采购、物流等关键环节广泛推广。

作为用户，可以在该平台上选择希望的冰箱功能、颜色，甚至可以定制刻有你名字的冰箱。几周后，一台专属于你的个性化、独一无二的冰箱便会送达你的家中。这就是工业 4.0 所预示的未来新愿景。因此，大规模定制这一趋势未来势必会越来越普及，个性化需求将成为用户的基本诉求。

作为企业，应当思考如何结合这两方面，既能满足个性化需求，又能实现大规模生产。大规模生产的个性化对企业的生产和供应链管理提出了极高的要求，企业的生产能力和供应链的模块化与柔性化程度，将直接决定其能否为用户提供个性化的大规模定制服务，并据此赢得市场竞争优势和丰厚利润。

在我看来，这种商业模式将是未来用户需求的方向，也是生产和制造企业必须努力追求的目标。

13

返还预收模式

以低价吸引顾客，进而培养顾客的消费习惯。

——陈疆同

100% 返钱模式

何为 100% 返钱模式？

概念：A 产品以成本价或低于市场价进行销售（A 产品可能是店铺原有商品，抑或是专门引进的用于吸引顾客的商品），顾客在购买 B 产品累计达到特定金额后，先前购买 A 产品的费用将全额返还给顾客。

实例说明

若其他水果店泰国椰青椰子售价为 13 元，而你选择以 8 元的价格销售以吸引顾客。顾客购买椰子后，可获赠一张 8 元的返现券，当其在本店累计消费满 50 元时，即可激活该返现券并领取 8 元现金回馈。当顾客累计消费达到 50 元时，我们还将赠送一张 50 元的返现券，待其在本店累计消费满 400 元时，即可激活并领取 50 元现金奖励。此模式的核心在于：以低价吸引顾客，进而培养顾客的消费习惯。具体操作需根据产品利润、市场状况及产品特性等因素综合设计。

例如，顾客需购买孕妇装，面临两家母婴用品店的选择。一家店购买 200 元孕妇装无任何赠品，另一家店则提供 200 元无门槛充值卡作为赠品，充值卡可在宝宝出生后使用。大多数人更可能选择后者。众所周知，母婴用品行业利润较高，以尿不湿为例，其利润率大约在 20% ~ 30%。对于 200 元的孕妇装，成本约 80 元，而 200 元的婴儿用品成本则在 80 至 120 元，这反映了母婴用品的高利润空间。从购买孕妇装到孩子出生，其间数月时间，可积累大量现金流，并确保多数顾客在孩子出生后还会回店购买婴儿用品。通过赠送充值卡，间接吸引大量顾客，其中部分顾客可能成为长期客户，从而实现持续的生意往来。

原理：顾客在消费一定金额的套餐后，获得定期返现或等值商品的权益。

以下为具体案例。

案例一：某服装店推出以下优惠活动

1. 以 300 元价格销售原价 360 元 1 件的打底衫、1 条打底裤及 2 条打底袜；

2. 赠送价值 1200 元的面部清洁卡；

3. 提供价值 300 元的人气理财卡，顾客每次到店可领取 10 元现金（每日限领一次），直至金额领完为止，相当于本次购物免费。

任何方案的实施都需有前提条件，上述服装店为何选择女性打底衫、打底裤及打底袜作为促销赠品？正值秋季向冬季过渡之际，这些女性服饰成为必需品，受众广泛。鉴于市场竞争激烈，以此为突破口，可迅速吸引顾客关注。因此，在实施此类策略时，必须明确以何种产品作为吸引顾客的关键。

1 件打底衫、1 条打底裤及 2 条打底袜的市场价值为 360 元，实际成本约为 110 元。价值 1200 元的面部清洁卡是通过整合赠品思维，免费获取的资源。

赠送人气理财卡，顾客每次到店可领 10 元现金红包，日限一次，300 元领完即止，确保顾客至少 30 次的回访。若顾客全额领取 300 元优惠，并计入产品成本，店铺将面临 110 元的总体亏损。但考虑到店内其他服装的单笔平均利润至少为 150 元，这意味着在 30 次的免费领取活动中，仅需成功转化一次销售，即可弥补前期成本，并实现盈利。若能实现两次销售，收益将更加可观。这正是通过投入产出比思维设计的，旨在促进顾客回访的营销策略。

案例二：此为一家知名品牌的折扣店 / 外贸服饰店

顾客充值 2000 元，即可获得 2000 元的生活用品，每月返还 100 元，持续 20 个月返还完毕。

第二个案例与第一个案例的不同之处在于，通过充值和赠送礼品的方式，激发消费者的购买欲望，从而实现多次销售的机会，这无疑是一种极具吸引力的营销策略。这种策略不仅帮助商家迅速回收资金，还有效培育了一批忠诚的回头客。这正是所有商业人士所期望达到的理想状态。

请谨记：要想策划出此类营销方案，必须具备以下几种思维。

1.需要具备长期经营的思维，而不仅仅局限于眼前的一次性交易。应将眼光投向远方，以更长远的视角审视这一模式的推行；否则，许多人会因操作上的困难而受阻，这正是他们难以改变现状的症结所在，根源在于缺乏长远的眼光。

2.需要具备投入产出比的考量。举例来说，若 300 元悉数返还，虽可能面临 110 元的损失，但若能于 30 次交易中促成一次成交，盈利即可达成。这将促使操作者更加积极地思考如何设计更有效的成交流程、话术、主张及客户维护策略。

3.须秉持测试的理念。勿因信心不足而畏于尝试已被证实有效的策略。不妨先以少量顾客为对象进行测试，即便后续交易未果，亦不致造成重大损失。然而，在这个测试过程中，你将能够获得竞争对手无法获得的宝贵经验，至少同行可能不敢这样去尝试。

消费者在多个联盟商家处预先支付一定数额的订金，即可立即获得一份高价值的礼品。此外，预付的订金在任何一家联盟商家消费时，均可抵用双倍现金。若消费者在任何一家店内均未进行消费，所预付的订金将全额退还，同时，消费者无须将高价值的礼品退还给商家。

假设每笔交易平均能赚取 3000 元，若我以 100 元成本吸引一位顾客进行交流，则需吸引 30 位顾客中至少有 1 位成交方可不亏，若成交 2 笔则即刻盈利。换言之，只要我的成交率达到 3.3%，就是无风险的。

联盟买客户的原理在于：链条商家共同出资购买客户，以此分摊成本，进而获取与目标客户接触的机会。

如果一个商家花费 50 元购买一个客户，可能吸引力不足，那么 10 个商家联合举办一场活动，每家出资 25 元，总共 250 元，至少可以提供价值 600 元的礼品。然后利用这价值 600 元的礼品，精准投放到目标客户群体中，吸引他们前来，效果将非常显著。

假设每笔交易平均盈利 2500 元，那么以 25 元成本购得一位客户，需吸引 100 位中至少有 1 位成交方能保本。

1. 寻找 6 家与你拥有共同目标顾客的店铺，如卫浴、窗帘、家具等；

2. 联合这些店铺举办一场高端产品发布会，邀请目标业主参加；

3. 每家店铺出资 100 元，共计 600 元，可以放大到价值 1200 元的礼品，业主参加发布会后即可免费领取；

4. 精准对接目标客户群体，赠送礼品；

5. 作为活动的发起人，负责全程策划和执行，即可不花分文获得这些客户资源。

想象一下，仅以 50 元的成本便能吸引一位潜在顾客，面对 120 位这样的机会，难道还愁无法促成至少一笔交易吗？这就是客户思维的魅力所在，它能够使你的思维更加清晰，明确前端究竟需要投入多少成本来吸引潜在客户。

以下是操作流程：

建议一：首先，一个由 10 家商家组成的联盟，每家贡献 100 元，共同筹集 1000 元资金，用于采购引流产品（此环节命名为联盟买客户）。

其次，1000 元资金可被放大至市场价值 3000 元的电动晾衣机一台（此步骤称为利用赠品杠杆放大价值）。

再次，消费者只需向联盟中的每家商家支付 300 元订金，累计达 3000 元，即可预先享受商家的专业咨询服务，并同时获赠一台电动晾衣机。

最后，在活动期间，若消费者在任一联盟商家处购买产品，300 元订金可抵用 600 元；若未购买，活动结束后订金可全额退还；若在活动期间未在任何联盟商家处购买产品，3000 元订金亦可全额退还，而电动晾衣机无需退还（此步骤称为增抵 + 返还）。

建议二：派遣业务员至小区销售前述卡片，并设定每日销售目标。

建议三：鼓励业主进行转介绍。

联盟返钱模式的总结：联盟买客户—赠品杠杆放大价值—订金锁定注意力—增抵 + 返还。

只要能够妥善控制前期的投入产出比风险，这一操作不仅简便易行，而且风险可控。各行业均可实施此类联盟返钱活动。

将 A 产品的利润转化为其他产品的消费补贴，这些产品可以是自营的，也可以是合作商家的。举例来说，消费者购买价值 5000 元的地砖后，即可获得等额的现金返还。

建议：确保进店顾客立即参与活动，从而实现 10 家店铺顾客的互换。例如，每家店铺每天需锁定 5 名顾客，那么 10 家店铺一天即可锁定 50 名顾客。

那么，具体的返利方式是怎样的呢？

1. 返还价值 2000 元的 UV 打印电视背景墙（成本为 400 元）；

2. 返还 1000 元用于购买门；

3. 返还 300 元用于购买墙漆。

与大家分享一种运用腾挪返钱模式的思路，适用于壁纸厂家的销售策略。

1. 鉴于直接招募代理销售壁纸的操作难度较大，我们选择了与卖门的商家进行合作。

2. 合作方式如下：购买价值 5000 元的壁纸，返还 3000 元无门槛买门消费卡及 2000 元定制餐桌卡；这样壁纸的销售将极具竞争力（当然，前提是产品本身的价值也需得到充分塑造）。

14

副产品免费模式

若副产品能让客户节省两成费用，即可改变其行为；节省三成，或可引发排队效应；节省五成，则副产品免费策略足以垄断市场。

——陈疆同

主副产品交叉补贴

　　副产品免费模式，即将企业经营中产生的周边产品或副产品，通过特定方式无偿提供给消费者，以此促进主要产品及其他产品的销售。

　　关键在于，副产品须具备相应价值，且与主要产品紧密相关，以此实现主副产品间的交叉补贴策略，进而助力企业盈利目标的实现。

　　位于浙江温州的一家酒店，其菜品价格适中，主要面向大众消费群体，服务亦颇为周到，然而客流量却始终未能提升，日均营业额约为 5000 元。扣除员工薪资及其他开支后，酒店持续处于亏损状态。随后，该酒店采纳副产品免费模式，月营业额实现从 15 万元至 30 万元的飞升，成功扭亏为盈。具体操作方法如下。

　　该酒店为了塑造自身的独特卖点，推出了九项免费服务：

　　1. 为男性顾客提供的免费擦鞋服务；

　　2. 为女性顾客提供的免费美甲服务；

　　3. 为老年顾客提供的免费血压测量服务；

　　4. 为有车一族及办公室白领提供的免费肩颈按摩服务；

　　5. 为儿童提供的免费游乐场服务；

　　6. 为所有顾客提供的免费身高体重测量服务；

　　7. 为等待入座的顾客提供的免费桌游及棋牌游戏服务，包括象棋、五子棋、军棋、跳棋、扑克等；

8. 免费提供小菜；

9. 免费提供粥和豆浆。

这九项免费副产品的推出，使酒店的生意日益兴隆，经过一段时间的执行，获得了当地顾客的广泛赞誉和认可。实际上，这九项副产品的成本相对低廉，如血压仪仅需300元，美甲设备500元，儿童游乐设备1000～2000元，总成本不足1万元。

在人工方面，通过内部培训，员工实行一人多职，兼职完成相关工作。

这种副产品免费的策略，不仅大型企业能从中受益，对小型店铺而言，也是一条可行的经营之道。

例如，社区内一家新开业的美发店，店主是一位创业青年，面临客源稀少的困境，他迫切希望快速增加客户数量、提升业绩。在听取了我们的建议后，他将店内二楼的5个洗头床全部免费开放，提供免费洗头服务。鉴于女性顾客的长发打理颇为耗时，她们往往更倾向于前往美发店享受专业的洗头服务。同时，女性也是美发店的主要消费群体，她们在头发上的花费往往较高。凭借免费的洗头服务，顾客在享受便利的同时，也逐渐产生了对店铺的好感，进而开始尝试烫发、染发、焗油等增值服务，从而使美发店的生意日渐红火，最终成为社区内半数以上居民的首选。

另一家修脚店同样面临客源不足的问题，我建议其提供免费洗脚服务，成本仅为一桶热水，几乎可以忽略不计。此举使顾客开始络绎不绝地进入店内，排队等候洗脚。这家店的生意也因此变得异常火爆，声名大振。无论是想要按摩脚部、修脚、挑鸡眼还是治疗脚气的顾客，都纷纷慕名而来。其成功的关键在于精准施策，选择恰当的副产品免费策略，以此吸引大量客户。

2018年夏天，我前往舟山岛旅游，发现当地有一条街全是海鲜餐馆。由于舟山的旅游开发相对滞后，游客数量并不多，但其中一家海鲜餐馆的生意却异常火爆。该餐馆的做法是，在中午饭点前，老板娘站在路边，手持冰镇可乐和美年达，向过往的人群赠送，遇到有小孩的顾客，便直接递到孩子手中，并热情地邀请他们到店内享用，强调店内有空调和风扇，可以舒适地休息和饮用。一瓶可乐成本不足 10 元，面对老板娘的热情相邀，本就有用餐意向的顾客，大多会选择光顾该店。一盘螃蟹 180 元，一条石斑鱼 360 元，与可乐的成本相比，几乎可以忽略不计。

副产品免费的程度会在客户心理上引发不同的变化。

若副产品能让客户节省两成费用，即可改变其行为；节省三成，或可引发排队效应；节省五成，则副产品免费策略足以垄断市场。然而，如果提供的副产品价值过低，则可能无法产生任何效果。

15

核心产品免费模式

挖掘不易察觉的隐性利润，赚取"看不见的收益"。

——陈疆同

快速积累人气和口碑

核心产品免费模式，此策略的精髓在于，通过向顾客免费提供企业的核心产品，吸引其关注与参与，进而带动其他相关产品或服务的销售，最终达成盈利目标。

例如，一些高端儿童摄影机构，将儿童摄影这一核心产品免费提供，通过母婴超市等后续产品实现盈利；饮水机生产商赠送饮水机，随后通过销售滤芯及开展其他业务来获得收益。

简而言之，就是放弃核心产品的收费，以换取客流量等资源，进而在其他相关领域实现收益。

在实施核心产品免费策略时，有几个关键要素需特别关注。

首先，产品免费策略需在可控的消费环境中实施。以杭州西湖景区为例，免费开放后，在景区的合理规划与管理下，游客自然会进行餐饮、住宿等消费，从而推动了城市整体经济的增长，体现了在可控环境下实施核心产品免费策略的成功应用。

其次，免费的核心产品必须具备足够的吸引力，即能够强烈吸引顾客，促使他们因核心产品免费而愿意购买相关产品或服务。例如，一家面馆将主食面条进行免费提供，对面食爱好者而言极具吸引力，从而带动店内其他菜品、饮品等的销售。只有精准把握这些核心要素，方能更有效地运用核心产品免费策略，实现盈利目标，同时避免盲目实施所带来的亏损。

　　核心产品免费策略的另一显著优势在于，它有助于企业挖掘那些不易察觉的隐性利润，实现"赚取看不见的收益"的效果。

　　以杭州西湖景区为例，它展示了核心产品免费策略在旅游行业中的应用，并成功推动了区域经济的发展。

　　2002 年 10 月，西湖景区做出了一个大胆的决策，拆除了环湖围墙，实行 24 小时免费开放环湖公园，成为全国首个免费开放的 5A 级风景区，并持续至今。西湖作为拥有"浓妆淡抹总相宜"美誉的著名景点，免费开放后，对游客的吸引力显著增强，人流量大幅提升。

　　游客被免费的西湖景区吸引而来，来到杭州后，自然会进行餐饮、娱乐等一系列消费活动，从而带动了西湖周边酒店、餐饮、文化及商业等领域的繁荣发展。原本依赖门票收入的单一盈利模式，转变为通过整个城市消费收入的增长来实现盈利，正如杭州西湖免门票后，旅游业增收 80 亿元，带动了杭州旅游收入的显著增长。据统计，杭州市的经济因西湖景区的免费开放增长了 9.3 倍，周边商铺租金也大幅上涨，月租金达到 2 万元起，创造的经济收入远超曾经收取门票时的收益。西湖景区的实践证明了核心产品免费策略在旅游行业中对区域经济的强大推动作用，也展现了长远的发展视野和经营智慧。

　　再以互联网行业为例，腾讯公司提供的网络聊天软件 QQ 是免费供用户使用的，这正是核心产品免费策略的典型应用。腾讯公司通过围绕 QQ 这一核心产品开发出一系列增值服务，如 QQ 空间、QQ 秀、虚拟服饰、道具、宠物、博客皮肤等，实现了显著的盈利增长。例如，根据腾讯 2024 年第三季度财报，增值服务收入达到 826.95 亿元，同比增长 9%，成为公司收入的重要来源。尽管每项增值服务收费并不高，但得益于 QQ 庞大的用户基数，这些服务为腾讯带来了显著的收入。例如，QQ 会员推出的 SVIP 等级，以及 QQ

红钻、黄钻、绿钻服务等，都是腾讯广告营收之外的重要收入来源。据相关数据显示，QQ 会员数量在 2003 年已达到三四千万的规模，而增值服务收入在 2001 年至 2003 年实现了飞速增长，从 94 万元增至 2.297 亿元。在这里，免费的核心产品 QQ 吸引了海量用户，而增值服务则成为挖掘隐性利润的关键。

最后总结，免费的核心产品对潜在客户具有极大的吸引力。消费者往往难以抗拒"免费"的诱惑，当企业将核心产品进行免费提供时，会吸引大量原本可能选择其他品牌或竞争对手产品的客户。

与收费模式相比，核心产品免费更容易在市场上抢占先机，实现差异化竞争。在众多同类产品都通过各种收费策略盈利时，若企业大胆采用核心产品免费的方式，就会显得与众不同，更容易被消费者记住。例如，日本松户市原市长松本清在经营创意药局时，将原价 200 日元的膏药以 80 日元（成本价）售出，这种近乎免费的销售策略，让创意药局与那些常规定价的药店形成了鲜明的对比，成功吸引了大量顾客，从而在医药零售市场中占据了一席之地，后续通过顾客购买其他药品实现盈利，在竞争中脱颖而出。

核心产品免费还能帮助企业迅速积累人气和口碑。一旦客户体验到了免费的核心产品并感到满意，他们就会自然而然地将其推荐给身边的人，进而形成口碑传播的效应，进一步扩大企业的影响力和市场覆盖范围，使企业在竞争中占据更有利的位置。

核心产品免费策略通过吸引客户关注、实现差异化及积累口碑等手段，帮助企业在全球化的市场竞争中形成独特的竞争优势，助力企业在商业竞争中乘风破浪。

16

功能模式

用功能，拿捏用户习惯。

——陈疆同

任何产品都可以开发出更多的功能

　　每一款产品皆具备其独特功能，而功能模式则涉及将其他产品的功能整合至自身产品中，供客户免费使用。产品的价值功能越丰富，其市场竞争力也就越强，销售情况自然也会更加理想。回顾几年前，MP3、MP4 等产品尚广受欢迎，而今却鲜见其踪影。原因在于随着智能手机的普及，原本需要付费才能使用的导航、计算器、秒表、指南针、游戏机等功能，现在均被智能手机免费提供，大大丰富了用户的使用体验。因此，手机已成为我们生活中不可或缺的物品，这正是功能免费模式的体现。换言之，将其他产品的功能整合至自身产品并免费提供，将有助于在行业内获得更强的竞争力。

　　以微信为例：

　　微信的日均活跃用户数达到了 8.4 亿人，月均活跃用户数更是达到了 10.4 亿人，显示出微信作为国内规模最大的超级应用软件的领先地位。微信之所以能成为行业翘楚，除了其社交功能，还整合了多个互联网产品的功能。朋友圈借鉴了微博的功能，搜一搜功能类似百度，看一看功能与头条相似，附近的人功能与陌陌相似，购物功能与淘宝相似，游戏功能与娱乐应用相似，小程序功能与 App 相似，公众号功能与媒体内容相似。微信将这些功能集于一身，并对用户免费开放，因此才能够吸引如此庞大的用户群体。

　　一家名为"水货"的海鲜餐厅，主打无餐具用餐体验，自开业以来生意

102

兴隆，不到一年时间便在全国开设了 52 家分店。水货餐厅吸引众多顾客的原因，在于它提供的不仅是用餐服务，更有多种功能的体验。餐厅的装修风格仿若海洋公园，服务风格类似欢乐嘉年华，氛围又似酒吧。顾客在此不仅能品尝美食与饮品，还能享受观赏美景、摄影留念及娱乐休闲等多重体验，使水货餐厅成为一个集多元化功能于一身的餐饮胜地，生意自然红火。

此外，还有许多功能模式的应用实例，如在汽车后视镜中加入导航功能；在短裤上设计拉链，增加装钱的功能；在电动车上增设 USB 充电接口，使其具备了充电宝的便捷充电功能；在防盗门上安装横杆，增加健身功能；将酒瓶设计得美观，使其在饮用后可作为花瓶使用等。

案例：共享单车——通过增加多种功能提升用户黏性

共享单车是中国近年来市场上的创新亮点之一。起初，共享单车公司仅提供基础的骑行服务，用户支付租金后即可随时随地使用自行车。这一简单直接的模式吸引了大量用户。然而，随着市场竞争的加剧，单一的骑行功能已无法满足日益挑剔的消费者需求，许多共享单车公司开始通过增加附加功能来提升自身的竞争力。

• 2017 年，共享单车行业的市场规模为 18 亿元，而至 2021 年，这一数字已增长至约 320 亿元。

• 据调查，2019 年度，用户平均每年使用共享单车的次数约为 36 次。在引入智能健康功能后，根据 iiMedia Research（艾媒咨询）的数据，用户的年均骑行次数增加了约 30%。此外，2020 年中国有 31.7% 的用户每周使用共享单车 3 次及以上，这进一步证明了共享单车在用户日常生活中的普及和重要性。

1. 多功能单车：在共享单车的基础上，融入智能锁、GPS 定位及移动支付功能，极大地增强了骑行的便捷性与安全性。用户仅凭手机 App 即可便捷扫码开锁，系统实时定位追踪，大幅降低单车失窃风险。这一简约而不失巧妙的多功能设计，让共享单车焕发出智能光彩，赋予用户满满的安全感。

2. 健身与数据追踪：众多共享单车企业开始在单车上安装智能传感器，记录用户的骑行数据，包括骑行距离、消耗的卡路里、骑行速度等信息。此类功能不仅为用户提供健康追踪服务，还使用户在骑行过程中对自己的健康状况有了更直观的认识。这一附加功能不仅为用户提供了额外价值，也显著提升了用户的忠诚度和使用频率。

3. "绿色出行"功能：随着环保意识的增强，许多共享单车企业开始将骑行数据与碳排放量关联，让用户能够直观了解自己通过骑行减少的碳排放量。这一功能不仅顺应了社会发展的趋势，也激励了更多用户选择共享单车作为日常出行方式，从而提升了产品的品牌价值。

4. 综合出行平台：部分共享单车企业将单车功能与公交、地铁、出租车等其他出行工具相结合，构建了一个综合的出行平台。通过这一平台，用户不仅可以便捷地使用共享单车，还能通过同一应用程序查看和预订其他交通工具，享受一站式出行服务。此举不仅极大地拓宽了共享单车的应用范围，更为用户的生活带来了前所未有的便捷。

通过这些功能的增加，共享单车已不仅仅是一个交通工具，它演变成一个集健身、环保、出行管理于一体的多功能平台，满足了用户日益多样化的需求，从而在市场竞争中占据了优势。

案例：智能家居——多功能家庭助手的崛起

近年来，智能家居产品在功能上不断拓展，从单一的家庭设备智能化发展到全方位的家居系统集成化，智能家居的功能模式正在经历巨大的变革。早期智能家居仅提供基本的控制功能，如远程操控空调、灯光等设备，但如今的智能家居系统，已完美融合了安全监控、娱乐休闲与家务管理等多重功能，为用户家庭生活的便捷与舒适注入了全新活力。

- 根据2023年的市场研究报告，智能家居市场规模已达到7157亿元，预计到 2028 年将增长至 9360 亿元, 年均增长率为 19%。

· 统计数据显示, 拥有多功能智能家居系统的家庭, 其用户满意度提高了约 40%, 且使用频率比单一功能产品高出 20%。

1. 随着智能家居技术的不断进步, 安全监控功能已经成为智能家居产品的重要组成部分。最初, 智能家居主要集中在家居设备的智能化, 如智能照明、智能空调等。但随着市场需求的变化, 许多智能家居企业开始将家居安全监控系统集成到产品中, 通过摄像头、门窗传感器、烟雾报警器等设备, 智能家居能够实时监控家庭安全并通过应用程序推送警报, 用户可以随时查看家中情况。根据市场研究, 预计到 2029 年全球智能家居安防和监控市场规模将达到 62.82 亿美元, 年复合增长率 CAGR 为 9.46%。这一功能显著提升了家庭成员的安全感, 并且随着技术的普及和用户需求的增长, 智能家居安全监控系统市场预计将继续扩大。

2. 语音助手: 智能家居的核心功能之一是语音助手, 它通过语音识别技术允许用户控制家中的各类设备。根据 Adobe Analytics 的数据分析结果, 越来越多的消费者正在使用智能音箱, 如 Amazon Echo、Google Home 等, 其中 36% 的消费者表示拥有智能音箱, 75% 的用户每天至少使用一次以上。此外, 智能家居语音控制技术的满意度调查显示, 85% 的用户认为智能语音控制技术提高了生活质量, 91% 的用户对此表示满意。这一功能的加入极大地提高了家居的智能化程度, 用户无需依赖传统的遥控器或手动操作, 便能轻松调节家中的温度、灯光等, 显著提升了用户体验。

3. 健康管理功能: 随着公众健康意识的日益增强, 众多智能家居产品开始融入健康管理功能。举例来说, 一些智能空调和空气净化器不仅能够有效调节空气质量, 还能实时监测空气中的 PM2.5、湿度、温度等关键指标, 助力用户营造一个更为健康的生活环境。此外, 部分智能家居产品还配备了睡眠监测功能, 通过深度分析用户的睡眠质量数据, 为用户推荐最适宜的睡眠环境设置。

4. 家务管理功能：随着智能清洁电器市场的快速发展，如扫地机器人和智能洗衣机等设备已成为智能家居系统中不可或缺的一部分。这些设备能够自动执行家务任务，减轻用户的劳动负担，使家庭生活更加轻松。例如，智能吸尘器不仅能够自动清扫，还可以通过手机应用程序进行远程控制，设置清扫计划，让用户不再为家务而烦恼。

通过对上述功能的整合，智能家居系统已不仅仅是一个简单的家电设备，而是一个全方位的家庭管理平台，提供了安全监控、环境调节、健康管理等多种功能，极大地提升了用户的生活品质和便捷性。

任何产品都可以开发出更多的功能，一项资源至少有六个功能：第一个是抵押功能；第二个是未来争议功能；第三个是估值溢价功能；第四个是转让功能；第五个是担保功能；第六个是出租功能，关键在于能否发现并开发这些功能。

综上所述，功能模式的核心精髓在于为客户创造实际价值并带来便利。这意味着新增的功能不仅要具备实用性，避免无谓的堆砌，还需在操作上比传统方式更加简捷，使原本烦琐复杂的任务变得轻松易行。正如手机一样，过去出差可能需要携带 MP3 播放器、照相机、电脑等设备，而现在只需携带一部手机即可，这便是极大的便利。

17

共享模式

实现闲置资源充分利用。

——陈疆同

充分利用闲置资源

"共享经济"这一概念对大家而言并不陌生，那么，如何有效地运用共享模式呢？

以一个实例来说明，一位超级富豪为了取悦母亲，开始经营农场。该农场每年能吸引 80 万 ~ 100 万名游客，其收益是种植水稻的 30 倍，年收入达到 2 亿元。

他将土地改造为小型农园，将 100 平方米的土地划分为 6 个小块，每块地每月收费 320 元，每亩地的租金远超一般水平，达到 13 万元，这在一定程度上吸引了 12000 名会员。这些会员主要是具有消费能力且注重健康的都市白领。

鉴于许多白领缺乏耕种经验，他便提供免费视频教程，或在场提供顾问进行指导。农具和种子均免费提供，前提是要成为会员，年费 599 元。租期内所产蔬菜归菜园主所有，农场还提供采摘和配送服务，若蔬菜有剩余，农场亦可代为销售，按比例分成。此外，这里还成为周末亲子活动的热门场所，农场定期举办播种节、丰收节等活动，让孩子们体验农耕生活，家长的续租率超过七成。

共享模式在其他行业同样适用。

将咖啡馆转变为共享办公空间，顾客只需花费 48 元购买一杯咖啡，即可获得一个工位的使用权。这一模式下，九家门店均实现盈利，单店日销量可达 1500 杯！

顾客群体以忙碌的上班族为主，每个工位均贴心配备了多功能插座、护眼灯以及打印机等办公设备，让人一踏入咖啡馆，便能瞬间沉浸在精英阶层的办公氛围中。不难看出，这家咖啡馆的目标顾客正是白领群体，顾客们将咖啡视为日常不可或缺的一部分，对口味的要求并不苛刻，只希望能迅速品尝到一杯品质稳定、令人满意的咖啡，因此店内均采用全自动咖啡机来满足这一需求。

两名员工即可管理一家店，人力成本节省达到五成。在高峰时段之前，预先制作多份浓缩咖啡，以提升出杯效率，单店最高销量可达 1500 杯。然而，其主要盈利点尚在后头。

以咖啡销售为名，每个工位收费 48 元，甚至设置了私密付费会议室，配备白板、投影仪等设备，满足 3 ~ 4 人团队的会议需求，每小时收费50 ~ 200 元不等，这种直接将办公室搬入咖啡馆经营模式，月收入可达 15万元。这正是一个针对白领人群的细分品牌，这种细分市场能否成功呢？

现在，再审视一个通过共享模式成功经营的案例。

一位年近半百的前万科高管，毅然踏上二次创业征途，仅凭一张办公桌为起点，汇聚了 10 万家创业公司的资金洪流，短短三个月内，便创造了 2.7亿元的惊人收入，引得阿里巴巴、华为等业界巨头竞相投资。

他寻找拥有闲置房源的小业主，提出一个方案，让他们的空置房产产生收益。具体做法是：无须业主投资，只需提供房源作为加盟商。他负责装修和运营，吸引客户，将房间整合成共享办公空间出租，业主收取租金，而他仅赚取服务费。这种看似投入少且稳赚不赔的生意真的如此美好吗？

他的盈利模式多样，共计四种。

其一，将整个办公室出租给团队使用。

其二，设置蜂巢式工位出租给个人，月租仅需数百元，可注册公司并享受全部办公设施。

其三，出租临时会议室，按使用时长收费，三年内累积了 20 万会员。

其四，这一种模式最为盈利，他与营销公司合作，为租用办公室的 10 万多个微小企业提供营销方案，并从中抽取佣金，总收入的 40% 来源于此板块。

简而言之，他以办公室为流量枢纽，低成本整合优质房源，依托现有客户资源，不断拓展盈利边界。这一创新模式，你如何看待？

18

合伙人模式

公司平台化，员工创客化。

——陈疆同

公司平台化, 员工创客化

任正非先生指出: "没有合伙制, 就没有今天的华为!" 因此, 领导者必须认识到这一趋势: 未来愿意从事传统雇佣工作的人数将逐渐减少。若企业仍坚持传统的雇佣制度, 必将面临组织凝聚力减弱与人才不断流失的困境。

那么, 传统企业应如何进行变革呢? 若领导者希望建立事业共同体, 必须从雇佣思维转向合伙思维, 吸引社会上的人员、资金和资源, 共同推动企业的发展。这里提供如下四种值得借鉴的模式。

一、创客合伙人模式

在众多实体店面临倒闭的严峻形势下, 百果园连锁店却实现了逆市增长, 门店数量增至 6093 家, 年营业额达到 141.7 亿元, 净利润为 3.6 亿元。它是如何实现这一壮举的呢?

百果园对每家分店实行总部不投资的政策, 而是由店长投资 80%, 片区管理投资 17%, 大区经理投资 3%。若分店盈利, 则利润的 70% 根据投资比例分配给上述三方, 剩余的 30% 归总部所有, 因为总部负责品牌推广、市场营销、员工培训和物流支持等软实力的建设。

此模式不仅让员工与企业共同承担成本, 还共享利润, 将员工身份转变为创业者, 使其收入直接关联公司利益, 极大地激发了他们的创业热情。海底捞、喜家德等企业也是采用类似的做法。

二、代言合伙人模式

西安一家小型药店便采用了这种模式，无须支付任何工资，但这家药店竟能吸引逾万名客户争相为其推广产品，年营业额高达 60 亿元。这一奇迹般的成就究竟是如何达成的呢？

该药店首先推出了自己的 App，注册即可成为会员，并在购买时享受折扣。此外，药店还激励会员分享 App 内的商品链接，一旦有人通过这些链接完成购买，分享者即可获得商品价格的 1% 作为佣金。

这便是通过业务在线化和返利机制，将客户转变为代言人，利用客户的人脉资源裂变流量和业绩。拼多多、瑞幸咖啡、滴滴出行等企业均是通过这种方式起步的。

三、事业合伙人模式

有位经营火锅店的老板，希望开设分店，但面临着高昂的成本的难题。引入事业合伙人模式后，他成功地让 100 名客户共同投资了 100 万元！为何客户愿意投资呢？

他向客户承诺：只需投资 1 万元，即可获赠 1000 瓶啤酒，并且在前三年若店铺盈利 300 万元，每位投资者将分得其中一半的 1.5 万元利润。此外，还将获赠价值 1 万元的消费卡，可在新店任意消费。

这种模式使顾客成为利益相关者，既消费又投资，还通过转介绍聚拢客户资源，推动事业的发展。亚朵酒店、花间堂等企业也是采用的这种模式。

四、股东合伙人模式

我们有一位从事管材制造的客户，与 120 多个经销商合作，但经销商缺乏忠诚度，总是寻找更便宜的货源，还经常要求返点。这位老板为此深感苦恼，如何利用股东合伙模式实现企业的华丽转型呢？

在原有的销售部门和工厂之外，成立一个平台子公司，专门负责连接和运营经销商。以往，经销商们每次进货量不过三五十万，一年销售业绩好的也不过 300 万～500 万元。而现在，我们一次性提供 240 万元的货物，并附加以下四项超值福利：

① 赋能包，公司专业团队将协助改进营销方式，提升团队能力。

② 返利包，若介绍新代理，将获得返利。

③ 增值包，将组建产业合伙人研修会，邀请核心经销商参与，整合资源，共同学习和增值。

④ 期权包，未来三年若总业绩达到 500 万元，将根据业务贡献分配平台期股，并享有分红权。

这种模式一经推出，一场会销便实现了 4000 万元的销售额，锁定了 50 家核心经销商。我们在现有公司架构之外，创新性地构建产业平台，广泛吸引上下游及内外部资源，将合作伙伴转化为平台公司的股东，从而深度提升他们的忠诚度，共同构筑坚不可摧的利益共同体。

许多领导者抱怨业绩难以创造，实际上可能是因为他们一直困于传统模式，未能有效利用合伙人模式来突破资源和能力的局限。合伙模式能发掘外部广阔资源，汇聚各方英才与资金，携手共谋企业蓬勃发展。

有一家快餐企业，正是依靠合伙人模式取得了成功。

被誉为中国的快餐连锁隐形冠军的南城香，在北京的门店虽然最小仅有 75 平方米，但其单店日均流水高达五六万元，是全国快餐连锁店平均日流水的 5 倍。据说在北京，只要它开业，方圆一千米内其他快餐品牌几乎无法生存。此外，该企业仅在北京开设分店，不融资、不加盟，三年内便开设了 50 家分店。

一、即时激励，不待年终

公司对员工的优秀表现给予及时回馈，确保员工今日的努力，当月即可获得相应的回报。南城香自每月第五日起开始核算账目，并于第七日举行会议公布结果。店长可查阅详尽报表，涵盖员工数量、成本、投诉、评价及销售完成情况等关键信息。

二、员工实行承包制

总部与店长签订合伙协议，根据上年度盈利推定本年度任务，店长需缴金额既定，超额部分双方共享。

例如，若约定今年需向总部缴纳 50 万元，而实际营收达到 70 万元，则超出的 20 万元归店长所有。不仅店长，许多岗位亦实行合伙制，如炸油条的师傅、售卖烤肉的员工等。在传统餐厅中，炸油条的师傅仅负责其工作，不承担业绩责任，但在南城香，尽管原料和设备由公司提供，但油条销量越多，师傅获得的提成亦越多。因此，在南城香工作的炸油条师傅会积极思考如何提升油条销量，这亦是激励师傅长期工作的手段。

正是凭借其独特的经营策略和成本控制，南城香成功地从一家低端快餐店转型为北京快餐行业的领先品牌。实际上，除了南城香，许多知名企业在扩张过程中也采用了类似的合伙人模式。

以华莱士为例，这个快餐界的模仿之王，从 8000 元起家，凭借其独特的经营策略和市场定位，迅速扩张至超过 2 万家门店，并实现了年收入超过 35 亿元的壮举。老板无须自掏腰包，员工、房东、供应商却争先恐后地投资支持其开店。

1993 年某日，任正非在办公室忙碌之际，突然接到一通电话，对方兴奋地喊道："老大，我发现了一个好东西！"任正非满头雾水，挂断电话后询问总裁办公室："这位冒失的年轻人是谁？"

打电话的年轻人正是余承东。

在接下来的十多年里，余承东虽屡遭责骂，但每当闯祸，总是任正非亲自出面处理公关事务。在任正非的管理智慧下，余承东成为华为不可或缺的良将。任正非通过建立"获取分享制"——一种绩效考核和奖励机制，不仅激发了员工的热情，还创造了较大的利润增长，并调动了全公司的工作积极性。他常自谦道："我有何贡献，不过是建立了一套让员工分享利益的公司机制，使得华为人才能齐心协力，努力工作。"

反观那些传统企业的老板们，虽渴望培养得力助手，希望团队一心一意共事，却往往自愧弗如，既无任正非那般管理上的高瞻远瞩，亦缺华为慷慨分羹的魄力，忧虑于企业微薄之利，一旦惠及员工，发展之路何在？

这种想法是错误的，员工的期望其实很简单，即升职加薪，成为老板。故而，老板们须勇于谋略，设计激励机制，激发员工于市场中开疆拓土，斩获佳绩，而非仅仅拘泥于现有资金之分配。

产品决定企业的生死，而商业模式则决定企业的层次。华莱士自创立之初便采取低价策略，专注于三四线城市，主攻低租金的社区和小县城，有效避开了肯德基、麦当劳的竞争锋芒，迅速占领市场。华氏兄弟尝到甜头后，便开始尝试连锁扩张。因此，深入探究华莱士的股权结构时，发现其设计之精妙，早有深思熟虑，每个门店有四个投资方：

①负责选址的管理者，占股 20%。

②负责内部运营的店长，占股 20%。

③负责区域管理的人员，占股约 20%。

④剩余部分，留给总部的股东。

如此，所有投资者的利益紧密相连，共同进退，因为只有投入资金，才能真正投入情感。但这仅仅是开始！

华莱士规定，所有门店的投资人均需从公司内部选拔，赋予了每位员工成为老板的机会，使他们能够拥有自己的门店，从而从传统的雇员身份转变为为自己事业拼搏的合伙人。

众所周知，门店的成败很大程度上取决于店长，因此为了激发店长的潜力，提升其积极性，华莱士允许店长享有优先入股的权利。若一位资深店长开设新店，即可获得新店 10% 的分红。华莱士借此有效降低了店长离职率，甚至成为竞争对手的风险。若有外部投资者希望加盟，尽管总部开放了资格，但必须通过培训并考核合格后才有权加入。

华莱士通过实行严格的加盟制度，有效规避了品牌烂尾的风险。即便合格了，仍需将门店 5% 的股份留给员工，并且投资占比不得超过 40%，因为华莱士追求的是绝对的控制权。

借助这一策略，华莱士成功地将门店经营权紧握手中，从而确保了品牌一致性的高度维持。例如，门店的装修、员工培训、商品上架等环节，均由总部全权负责。简而言之，加盟商的角色转变为无须介入日常琐事的投资者，只需静待年终分红的到来。然而，这并非故事的全部。

华莱士进一步拓展其影响力，将房东、供应商、装修公司等纳入合作体系。这些合作伙伴虽坐拥雄厚资金，却苦寻不到优质的投资项目。一旦他们通过华莱士的项目获得高于银行的收益，便会在开设新店时积极投资，争相为公司提供资金支持。

因此，华莱士通过独特的合作连锁模式和合伙制，成功开设了超过 2 万家门店，这些门店既非纯粹的直营店，也不同于传统意义上的加盟店。公司采用的是一种"门店众筹、全员入伙、直营管理"的合伙模式，实现了利益共享、风险共担。这不仅减轻了公司的资金压力，还有效地利用了社会资源和资本，推动了企业的持续扩张和裂变式增长。

这种模式在市场上的成功企业中得到广泛采用，不仅限于大型企业，小型公司也在应用。如果希望在自己的企业中实施合伙人模式，可以参考以下方法：

① 出资比例：由总部与员工共同出资，比例为总部∶员工 = 7∶3。

② 分红比例：在总部回本之前，每月分红的 70% 归总部所有，回本后，合伙员工可获得 70% 的分红。

③ 人才培养机制：老店长负责培养新店长，并可获得新店 5% 的分红，

新店由新店长全权运营。

④ 淘汰机制：所有门店统一考核，若某门店连续两次业绩排名末位，则团队成员需暂时解散学习。若后续业绩回升，则继续经营；若持续亏损，则门店将被关闭，合伙团队解散。

此外，合伙人模式的最大优势在于其普遍适用性，几乎各行各业都能完美复制并应用。无论是餐饮业的海底捞、服装界的海澜之家、零售领域的百果园和周黑鸭，还是互联网行业的巨头华为、小米、阿里巴巴等，均采用了这一模式。

柳传志曾这样评价任正非："他比我更敢于冒险，勇于面对生死存亡的挑战。"在那个"造不如买"的时代，自主研发无疑是极其艰难的。然而，任正非毅然带领团队跨越重重艰难险阻，即便自己仍身处租房之中，为了挽留人才，他慷慨地许以房产作为承诺。

正如一位华为高管所言："我们仅索求一碗米，而老板却慷慨赠予十斗；当你期待一场盛宴，他却捧出十根金条。"

那么，任正非为何要这样做呢？难道他不重视金钱吗？

当然不是，明智的领导者都擅长"分钱"，合理分配财富能够解决管理中一半的问题，从而使企业充满活力。

然而，有些老板或许会疑惑，即便我们已向员工分配了数目可观的奖金，团队为何仍缺乏活力？答案显而易见，分配方式不当导致激励效果欠佳。

今天，我将与大家分享三个常见的分钱误区，并探讨任正非是如何解决这些问题的。

误区一：固定工资加定额奖金。

有些公司在年底会额外发放一两个月的工资作为激励，但这实际上是一种"大锅饭"现象，将导致员工缺乏进取心。那么，这该如何解决呢？

任正非的做法是：设立开源和节流的奖金包。

① 开源：在业绩增长的情况下，员工有机会获得更多的分红。例如，若业绩比上一年度增长 20%，去年的奖金包为 10 万元，今年的奖金包则为 12 万元。为了确保奖金包的公平性和激励效果，会根据员工的价值观、客户反馈等多方面因素综合评估，确定一个绩效系数。若绩效系数为 1，则奖金包全额发放；若系数为 0.9，则奖金包为 12 万元乘以 0.9，即 10.8 万元。

② 节流：指的是通过降低成本、提高效率获得的额外奖励。例如，举办一场活动的成本原本为 200 万元，若能节省 50 万元，则拿出 25 万元作为奖励。

误区二：目标奖金。

有些公司会将目标完成情况与奖金直接挂钩，员工为了降低目标，会找各种理由向老板解释目标设置不合理，最终导致目标无法实现。那么，这该如何解决呢？

任正非的做法是：保持目标奖金不变，鼓励新增业绩。例如，如果去年业绩为 200 万元，奖金为 10 万元，今年业绩达到 250 万元，则将奖金分为两部分发放。与去年相同的 200 万元业绩，仍然发放 10 万元奖金，而新增的 50 万元业绩再发放 10 万元奖金，实际到手的奖金总额为 20 万元。

误区三：前后端部门分灶吃饭。

前端业绩部门与后端职能部门之间缺乏利益关联，有时甚至会出现职能部门不及时响应业绩团队的情况，甚至会设置障碍。那么，这该如何解决呢？

华为将公司部门划分为：前端作战单元，主要负责业绩的实现；中端服务部门，包括技术支援和营销支持；后端职能部门，涵盖财务管理和供应链管理。

① 中端服务部门奖金 = 前端作战单元奖金的 50% × 满意度评价。

如果前端作战单元的奖金包为 500 万元，则中端服务部门奖金为 250 万元。但前提是必须接受前端作战单元的满意度评价，评价越低，奖金越少。因此，中端服务部门为了获得更高的奖金，必须做好辅助工作。

② 后端职能部门奖金 =（前端 + 中端的平均奖金）× 分配系数 × 满意度评价。通过设置利益联动机制，确保中后台能迅速响应前端作战单元的需求，提供高效优质的服务。

因此，不要总是抱怨团队状态不佳、能力不足。合理的激励机制能激发人的潜能，促使人向善；反之，不合理的机制则可能消磨人的积极性，甚至诱导人走向歧途。只要激励机制得当，团队将有百种方法超额完成目标。

以谊品生鲜为例，永辉超市的一位高级管理人员，未遵循商业道德，复制了前雇主的商业模式，通过抄袭实现了 260 亿元的市值，三年内开设了 1500 家门店，此人即谊品生鲜的创始人江建飞。

令人遗憾的是，在永辉超市持续亏损的同时，谊品生鲜却越发繁荣。谊品生鲜不仅获得了腾讯领投的 20 亿元 B 轮融资，其他投资方还包括今日资本、美团龙珠资本、钟鼎资本等。B 轮融资后，谊品生鲜计划快速拓展门店数量和城市外自建物流和加工中心，强化线上线下联动，推广"到家、自提、到店"的服务形式。那么，江建飞究竟有何秘诀？

经过深入研究谊品生鲜的经营策略，我必须承认，在当前市场环境下能够盈利的企业确实具备一定的实力，值得我们学习。

谊品生鲜成立之初，正值社区团购巨头激战正酣，生鲜市场烽烟四起。面对如此激烈的市场竞争，谊品生鲜若循规蹈矩，势必难以立足。那么，它是如何应对这一挑战的呢？

谊品生鲜采取了独特的定位策略，自称为"小区门口的菜市场"：相较于需预订取货的社区团购，它则提供直观可感的即时购物体验；与个体蔬果店相比，它提供更便宜、更丰富的商品；与大型超市相比，它更靠近居民区。凭借这些优势，谊品生鲜成功吸引了小区居民，初步打开了市场。

谊品生鲜思考如何让顾客回头率提高。为此，它将顾客细分为不同群体，并根据他们的需求和偏好对门店进行升级，具体做法如下：

对于价格敏感的老年人，谊品生鲜筛选出热销商品进行降价销售，并为视力不佳的老年人提供贴心的讲解服务，彰显企业的人文关怀。

对于注重菜品新鲜度的家庭主妇，谊品生鲜提供带土的"活"蔬菜，确保了食品的新鲜和安全。

此外，针对烹饪技巧欠缺的年轻人群体，谊品生鲜特意设置了火锅区、烧烤区及早餐区，便于他们轻松选购所需食材。

通过这些差异化的服务，谊品生鲜成功吸引了各个年龄段的消费者，解决了流量问题。然而，尽管生鲜店的高投入成本是一大挑战，但谊品生鲜在资本支持下已经实现了快速扩张，从2017年的60多家门店增长到2018年的400家，并计划在2019年超过1000家。然而，资本的助力并不意味着可以无限制扩张，谊品生鲜也面临着闭店和转型的挑战，显示出开设大量门店并非易事。

那么，谊品生鲜是如何解决扩张问题的呢？

它借鉴了永辉超市的合伙制模式，鼓励员工共同投资开店，盈利共享，亏损共担。在谊品生鲜，从店长到普通员工，都有可能成为合伙人。

根据谊品生鲜的加盟政策，每家门店由总部和运营团队共同投资，其中店长可投资10万~40万元，副店长和员工根据个人能力投资2万~10万元，团队总投资比例不超过单店的40%。这种做法的好处有两方面：一方面，减轻了总部的资金压力，提高了门店扩张的效率；另一方面，将门店业绩与员工利益紧密相连，实现了共同繁荣，降低了总部的管理难度。

总结谊品生鲜的做法，对外通过挖掘客户需求，提供差异化服务，吸引顾客，解决了流量问题；对内通过合伙人模式，与员工共担成本、共享利润，解决了投资和管理问题。

这种模式易于模仿，各行各业也有许多成功案例，如百果园、老乡鸡、华莱士、亚朵酒店等，值得传统中小企业学习和实践。

简而言之，若你正为生意难做而苦恼，那很可能是遭遇了客户流失、管理瓶颈或成本压力等难题。

有一家烤鱼店就将这种模式运用得炉火纯青。

仅用 7 年时间，就实现了 1000 家门店的连锁经营，当其他门店纷纷关闭或倒闭时，它却脱颖而出，成为全国烤鱼行业的佼佼者！许多人好奇，它是如何从默默无闻到声名鹊起的？现在，一起探究这条烤鱼的成名之路。其实，道理很简单，就是合伙人模式，想要快速扩张的老板们应认真学习。

烤鱼店注重打造单店的盈利能力。

烤鱼以其独特口感著称，但要实现盈利，却非易事。那么，如何提高性价比呢？半天妖烤鱼通过在工厂统一宰杀活鱼，并利用冷链物流配送至门店，实现了将活鱼变为冷冻鱼的策略。

许多品牌以现烤活鱼为卖点，但其中存在几个问题：活鱼容易死亡，成本较高；需要专人杀鱼，人工成本过高；上菜慢，翻桌慢，直接影响门店利润。比如，其他品牌一条鱼的价格为 130 元，而半天妖烤鱼的价格为 150 元。

因此，半天妖烤鱼决定将活鱼变为冷冻鱼，在工厂完成杀鱼并快速冷冻，通过冷链配送到门店。尽管此举可能略微牺牲口感，但成本却因此大幅下降，一条鱼的售价控制在 60 ~ 70 元，性价比显著提高。

如此一来，半天妖烤鱼不仅在价格上拥有显著优势，还辅以 2 元一位的丰富自助餐服务，涵盖五常大米、可乐及多样小吃等，令竞争对手望尘莫及，门店常常门庭若市，客人络绎不绝。通过这种方式，半天妖烤鱼不仅提高了单店营业额，还创造了可观的利润空间，一家投资 100 万元的门店大约半年即可回本。

既然这种方法已被证明可行，并能确保盈利，接下来就是加速开店了。

但这里存在一个问题，许多老板用自己的资金开店，导致员工缺乏积极性，门店风险增加。

那么，如何解决这一问题呢？半天妖烤鱼创新性地推出门店合伙制，即通过众筹的方式，将股份分配给员工、高管或合作商，共同分担风险。

初始阶段，高层管理团队投入 20% 股份，强化供应链、物流培训及研发等核心软实力；中层运营团队则贡献 30%，店长至少承担 8%，其余由城市经理、门店督导等分担；后端开发团队亦投入 20%，专注门店选址与商品研发。余下的 30% 留给有意向加入的普通员工或供应商，为他们提供共同盈利的机会。在回本之前，总部收取 2% 的品牌管理费，回本后，该比例将调整至 3%。

半天妖收取的费用并非无端，其目标是致力于提升大家的收益。

鉴于产品是餐饮业的关键，供应环节不容有失。因此，半天妖对供应链实施了精细化管理。

以仓库为例，半天妖公司引入了一套先进的智能系统，确保员工采购及成本核算遵循既定流程。该系统实时监控补货与库存，异常即迅速响应。这相当于在供应链后端环节确保了产品供应的稳定性。

同时，半天妖公司将智能化理念扩展至门店运营。

公司构建了会员管理系统，顾客通过扫描桌边二维码点餐，相关信息随即录入会员系统。用餐完毕后，顾客可直接扫描二维码完成支付。这一举措不仅有效引导顾客从公共环境转向私域空间，还使企业能够依托后端数据分析，精准制定优惠策略，从而增强顾客的回头率。此外，排队点餐流程的优化也提升了整体效率，减少了人力资源成本。

通过这种方式，结算环节的压力得以减轻，服务员的工作负担相应减少，同时省去了菜单制作的成本。节约下来的每一笔资金都是企业实实在在的收益。效率的提高自然而然地加速了企业的盈利进程。

因此，员工负责具体经营，半天妖则在管理上为门店提供具体帮助。

此方法的优势在于共享收益，对开发团队而言，会主动寻找优质选址；对运营团队而言，由于店内有其投资，自然会更加尽心尽力，无须他人催促；对其他利益相关者而言，能够激活社会各方资源，当门店大规模盈利时，总部自然也会获得收益。

此外，招聘变得更为容易，关键人员持有股份，许多人自然愿意加入，这相当于自己创业，人才裂变也不再是问题。

有企业主提出疑问，合伙人模式是否适用于所有行业？答案是肯定的。

一位年轻人，14 岁离开陕西农村外出务工，通过提供修脚服务，成功开设了 6520 家店铺，年收入达到 76 亿元，服务全国老年人群体，并独立支撑起 5.8 万人的生计，被数万名员工尊称为再生父母。该企业即为郑远元修脚店。

一家规模不大的修脚店，如何能够开设数千家分店？其成功的关键在于实施了一套合伙人模式。对于传统企业而言，门店扩张面临的最大挑战之一便是专业人才短缺以及服务标准难以统一执行。那么，郑远元是如何克服这些难题的呢？

实际上，答案在于内部赋能加合伙。首先，他们精心培育每一位学员，确保他们掌握扎实的专业技能；其次，借助创新的股权合伙模式，实现了店铺的快速且稳健的扩张。

郑远元拥有修脚技艺，但缺乏学习者，于是他与地方政府合作，建立修脚大学，免费招收学员进行培训，每期课程时长为 12 天，每位学员的食宿费用大约为 1000 元，最多时免费修脚培训的学员超过 3 万人。

为了让大家安心学习，政府提供交通费，培训结束后通过考核，直接分配到店工作。在高峰期，这种培训学校共复制了 19 个，培训修脚技师近 4 万多名，为全国迅速扩张的店铺输送了大量修脚技师。

学员被分配至各门店后，依据其能力逐步晋升。晋升至管理层后，他们将接受更为全面的系统培训，涵盖技能精进与团队管理两大方面，旨在全面提升其单店运营能力。

除了线下系统培训，郑远元还创新性地引入了网络课程，依据不同职位精心绘制知识图谱，全方位赋能员工，涵盖服务优化、技能提升及话术精炼等方面。

除了内部员工赋能，他在激发员工斗志方面也有独到之处。现金激励只是初步，郑远元还实施了合伙人模式，他首先将自己的家人和亲戚全部转变为加盟店的第一批合伙人。

合伙人的盈利途径主要有两个：一是"店长持股计划"，店长可以使用自有资金购买店面股份成为股东，持续享受店面股权分红；二是通过会员卡收益，顾客充值的资金直接进入总公司账户，统一管理，再根据顾客的消费记录向加盟店返利。

有企业主提出疑问，一旦员工转变为合伙人，是否会导致他们为了业绩而过度推销，从而损害店铺的声誉？

为防范此类问题，郑远元着手改革销售盈利模式，转而专注于吸引新客户及深化会员的后续消费潜力。

首先，郑远元致力于开发新客户资源。除了传统的发放传单和口碑推荐，他还借助线上渠道，携手美团、口碑等平台，精心策划套餐活动，成功地在单次活动中吸引了10万粉丝的关注。

其次，郑远元开始思索如何更有效地利用现有客户资源。他进一步延伸产业链，引入高利润产品，旨在提升顾客的复购率。

众所周知，传统足疗店的主要收入并非来自洗脚服务本身，而是来自后续的项目，如治疗脚疾和足部美容等。这些服务可以衍生出多种项目，如药物治疗、理疗和按摩等。

例如，在为顾客提供洗脚服务时，郑远元会仔细观察顾客的脚部状况，一旦发现异常，便推荐其店内的主打治疗项目，并强调治疗脚气的重要性。

通常治疗一位顾客的费用为 100 元，尽管入门产品的价格仅为 20 元，但通过后续的利润产品，店铺便能够实现盈利。

为了更大幅度地提升产品利润，郑远元亲自创立生物医药公司，不仅专注于治疗脚疾的药品生产，还持续研发贴合消费者需求的足部保健及美容新品，成功打破了上游供应商的束缚，显著降低了成本。

最终，郑远元店铺所使用的大部分产品均为自产，这使得利润完全归店铺所有。

展望未来，合伙人制度将成为主流，C 端市场将是未来的发展方向。即便是规模不大的修脚店，通过模式的创新同样能实现广泛扩张，遍布千城万店，这有力地证明了该模式对传统企业转型升级的可行性。

1. 出资比例

员工与公司共同出资，比例为 7∶3。新任店长负责门店经营，并享有门店 30% 的利润分红，剩余部分则由老店长和公司根据出资比例进行分配，确保老店长即使不参与分红，亦能获得收益。

2. 利润分配

在收回成本之前，公司获得 70% 的分红，员工获得 30%；一旦成本回收完成，公司与员工的分红比例则调整为 30% 和 70%。

3. 人才培养

老店长在成功培养出新店长后，将在新店中获得 10% 的分红权益，这一机制形成了一个良性循环的人才培养与扩张体系。

4. 新店储备

每月提取 5% 的收益作为新店储备金，以帮助新店合理规避风险。

5. 退出机制

首次退出可获得 30% 的份额，剩余的 70% 将在三年内退还。然而，若在三年内转投同行，挖走公司客户和员工，剩余的款项将不予退还。

雇佣制为主导的时代已然成为过往。无论身处哪个行业，都应学会运用策略管理公司和培养人才。只有这样，才能站得更高，走得更远。因此，不要总是抱怨竞争激烈，实际上，问题可能在于思维过于陈旧。若继续沿用十年前的经营模式，将无法在当今市场中获得成功。

19

会员模式

主打会员制，深耕单客经济。

——陈疆同

如何通过会员，持续锁定消费

"会员"一词对公众而言并不陌生，那么，如何通过会员模式锁定消费者，实现持续盈利呢？

以孩子王为例，其采取了怎样的策略，在短短几年内实现了 500 余家门店的开设，并吸引了超过 3000 万的付费会员？孩子王的成功可以归因于其坚持线上线下全渠道场景的打造、深度服务的提供，以及完善的数字化建设，这些策略保障了用户体验，为孩子王带来了更宽广的护城河和明显的龙头优势。

孩子王的创始人汪建国向王健林提出，在万达租用一个 5000 平方米的店面，用于销售母婴产品。王健林对此表示质疑，认为母婴店通常是小规模经营，为何需要如此大的空间。汪建国坚定表示，他的目标是让孩子王成为母婴行业的领军者。

事实证明，汪建国并非虚言。年过半百的他创立孩子王，不到十年时间，门店数量突破 1000 家，吸引了超过 8700 万会员，成为母婴连锁行业首家营收规模近百亿的企业。

那么，他究竟采取了何种策略，使得孩子王在短短几年内成为母婴零售行业的领头羊？

在新店开业前，孩子王会安排导购进行地推活动，主要针对门店周边 5

千米范围内的小区和广场，通过赠送小礼品吸引宝妈加入社群。新店开业后，引导顾客下载孩子王 App，完成注册并加入社群，整个流程设计得既流畅又高效。

这一策略的关键在于利用线下门店的高覆盖率，使孩子王迅速聚集了第一批流量群体，逐步建立了自己的私域流量池。

商业的本质在于流量与变现，拥有流量之后，接下来的问题便是如何实现变现？孩子王通过会员制、市场布局和加盟业务等策略，牢牢抓住用户，尤其是通过精准洞察消费者需求和提升运营效率，学会后业绩可实现显著增长。

第一个策略，推出明星产品"孕妈妈待产包"，实现首次销售转化。

对于初为人母的新妈妈们而言，在众多母婴产品中做出选择，无疑是一项令人头疼的任务。因此，为了方便，大多数人会选择购买待产包。

市面上的待产包价格通常在两三百元，而孩子王推出的待产包仅售 99 元，且集合了各品牌的优势产品，既安全又实惠，怎能不吸引人？这款产品精准地吸引了目标用户，赢得了用户的好感，轻松实现了销售转化。

第二个策略，孩子王深入社群运营，与用户建立了朋友般的关系，具体是如何操作的呢？

孩子王将社群运营交由两人负责，一个是官方 IP，负责发布品牌福利；另一个是分享达人，负责社群活跃。初入社群时，你可能会认为这与其他社群的常规操作无异，无非是频繁促销。但仔细观察后会发现，社群中的用户会主动向分享达人咨询产品，了解育儿知识。

尽管群内营销氛围浓厚，为何用户依然活跃？

原因很简单，分享达人会竭尽所能帮助用户节省开支。

若您急需某款产品，该平台将即刻为您精准推荐，保证正品之余，提供低于官方售价的优惠，这样的选择，是否让您心动不已？

对于想要囤货的用户，会告知近期有活动，不急于使用的话可以等待促销节点，直接享受优惠，只需在线下单即可。

这宛如一位贴心的免费助理，日常可共话育儿智慧。而每逢双十一等大型促销，更能助您捕捉最低价，把握最佳购买时机，如此贴心的服务，怎能不让人心动？

第三个策略，为了确保顾客长期复购，孩子王建立了一套双轨制会员体系。

一、成长型会员

只要在平台完成手机号注册，即可成为成长型会员，孩子王根据消费金额发放成长值，1 元对应 1 个成长值。除了消费外，通过线上评价晒单和完善账号信息，也可以获得成长值。成长值越高，会员等级越高，享受的权益越好。目前成长型会员分为 8 个等级，不同等级享有不同的福利待遇，例如，L1 等级可享受 5 元优惠券，而 L8 等级则享有大礼包、专属客服以及 180 元优惠券。

这一策略既激励了用户消费，又实现了等级区分。孩子王只需重点服务高等级用户，即可实现效益最大化。

二、付费会员

孩子王通过社群运营，将用户细分为孕妈妈和已育宝妈两类，并针对这两类用户设计了两种付费会员：99 元 / 年的轻享卡和 199 元 / 年的畅享卡。

轻享卡主要针对孕妈妈，以服务需求为主，如提供生产阶段所需物品的购买建议和优惠券。畅享卡则针对婴幼童人群，以消费需求为主，如提供多次免费儿童乐园游玩机会和到店理发服务。这一策略堪称精妙，顾客在门店亲身体验产品后，无疑会大大增加再次消费的可能性。

最关键的是，无论哪种卡，只要顾客购物，每单均可享受 2% 的返利，这样的优惠，自然是不可错过的良机。

　　总的来说，这两种会员体系都是为了使用户时刻记住平台的优惠，从而形成复购的习惯。

　　最后总结，孩子王以"经营顾客关系"为核心理念，借鉴了多个行业的成功会员营销案例，如安徽大姐超市通过会员模式在一年内盈利106万元，以及餐厅通过会员卡制度实现6倍利润提升等，前期通过大量低价产品吸引流量，后期深入社群服务，利用会员模式锁定顾客，实现终身消费，最终形成"主打会员制，深耕单客经济"的商业模式。其中的重点在于，企业必须真诚地服务用户，用户才会记在心中，从而实现成交和持续消费。

20

竞拍模式

巧借人性特点，铺就财富之路。

——陈疆同

流量和金钱的双重变现

拍卖活动对公众而言并不陌生，然而，如何将其运用于商业领域呢？先审视一个关于古董拍卖的实例。

古董拍卖模式是什么？

古董拍卖模式实质上是一种电子商务形式，旨在促进古董的销售。古玩竞拍模式允许用户购买并转售古玩给消费者，从中赚取可观的佣金。更诱人的是，成功分享给朋友参与，还能额外获得分享奖励。

那么古玩竞拍模式到底怎么玩呢？我们来详细介绍一下：

一、玩法介绍

用户需先在平台完成注册认证，随后即可参与抢购古玩，并轻松转手卖出，实现快速盈利，全程无须额外投资或资金压力。

二、收入机制

①个人参与：一笔周转金即可参与竞拍，当天参与当天获得收益。

②分享获益：直接分享一个用户，该用户每天参与竞拍，每天可获得直接分享奖励 0.5%，分享的人数越多，您的收益也就越丰厚，且当佣金累积达到 50 元时，即可当日提现，享受即时回报。

③免费申请古玩大掌柜开宝阁：轻松实现日薪过万。

三、宝阁玩法

收入结构：1.5% 的收入 +0.5% 的分佣 + 阁主分成，1.10 万 ~ 30 万元的业绩，阁主分成 0.5%；2.30 万 ~ 50 万元的业绩，阁主分成 0.6%；3.50 万 ~ 100 万元的业绩，阁主分成 0.8%；4.10 万 ~ 150 万元的业绩，阁主分成 1.0%；5.150 万出局，阁主分成 1.2%，上架费 2.5%（包含）：0.5% 的团队长佣金 +0.8% 的技术服务费 +1.2% 的阁主分成，按等级拿，差额打给分享人。2000 订单，24 小时回，收入 30；3000 订单，24 小时回，收入 45；4000 订单，24 小时回，收入 60；5000 订单，24 小时回，收入 75；6000 订单，24 小时回，收入 90。

每天的收入有两种计算方法，第一种上架费 ×60%，第二种报金额 ×1.5%；分享奖记账中心—分享订单总业绩 ×0.5%；总收入个人中心总上架费 ×60% +分享分佣总和。

或许介绍有些复杂，我们可以举例说明一下：

比如，你手头有 2000 元的现金，可以把 2000 元的一张古董清单拿出去拍卖，卖出去后就可以得到 30 元的利润。通俗点说就是，无须交保证金，无须投入资金，每天就能赚 30 元。同理，若资金充裕，出价 5000 元、1 万乃至 2 万元皆有可能，且出价越高，提成比例亦随之提升。

这种模式 24 小时都可以拍单赚钱，只要每天拍单，账户每天都有进账。与别的电商模式不一样，这是一种每日可见的收入方式，让你无须忧虑平台的不稳定性，因为资金始终掌握在你的手中。

拍卖商城是通过个人或者商家入驻，为平台提供在线竞拍的交易模式，让多用户同时参与商品竞价，并且打破了传统的线上拍卖模式，每一个竞拍者都能从这个过程中获得收益，从而提升用户的参与度和加快交易循环，最终促进拍品销售。

供应商可以把有价值的产品放到平台上（如明星签名的球衣，有价值的藏品 / 古董等），以科比签名球衣为例，其市场预估价高达 3300 万 ~ 4700 万元，远超供应商的成本价和平台的起拍价。每拍一次，设置固定加价幅度为 300 元。竞拍者参与拍卖有门槛条件，即 500 元保证金（此处金额均可在后台设置）。

四、流程

A 用户参与竞拍，竞拍价为 2300 元；B 用户参与竞拍，竞拍价为 2600 元；C 用户参与竞拍，竞拍价为 2900 元，价高者得。此时，C 用户可以再支付 2400 元得到这件球衣（前期已支付 500 元保证金），那么 A 用户和 B 用户均退还 500 元保证金，且每个用户还可以得到每叫价时加的 300 元。

五、模式设定条件

①价高者得，且不能无理由退款。

②竞拍者反悔，保证金由供应商所得。

六、供应商、平台、竞拍者的盈利

①供应商：若 C 用户得到产品，供应商可得 1000 元成本；若 C 用户后悔已拍下的产品，则可得 C 用户的保证金 500 元。

②平台：平台盈利为起拍价（2000 元）减成本价（1000 元）得 1000 元，再加上每次加价 300 元，总计 1300 元。

③竞拍者：唯一确定的那个竞拍者可以得到想要的产品，其余参与的竞拍者都有返还保证金，以及参与一次的加价。

七、模式亮点

①线上拍卖，借助互联网优势，用户量大，更好推广；

②信息保障，按照平台固定的规则流程，有数据保障；

③产品真实，对于供应商的入驻申请，还有产品的验货说明等，平台均有一系列的审核机制，从而保证拍卖真实；

④公开透明，人人皆可成为竞拍者，且价格公开透明，价高者得；

⑤参与即赚，与线下的拍卖会不同，在最终确定的那个人一锤定价得到

产品之后，其余的参与竞拍者都可以得到加价的那份钱，参照上面那个例子，C 用户得到产品，A 用户和 B 用户均可得到 300 元。

每个参与者都有可能赚钱，但前提是参与者确实需要这件产品，才应参与竞拍，而非仅仅为了赚取佣金。

该模式旨在尽可能地为所有参与者创造收益，然而它也存在一定的局限性：

首先，平台进行拍卖，必须拥有产品，但并非所有产品都适合拍卖。例如，零食、衣物、水果等日常消费品，通常并不适合作为拍卖品。相反，如果拍卖品是珍贵的玉石、限量版艺术品或其他具有特定价值的物品，则适合进行拍卖。

其次，拍卖品的来源至关重要。拍卖品可以是平台自身的库存，也可以是来自供应商或其他渠道的商品。总体而言，必须确保拍卖品具有一定的价值。若商品缺乏独特价值，价格透明度高，或过于大众化，那么将难以吸引买家积极参与竞拍。

拍卖活动是否足够吸引消费者？商品是否满足消费者的需求？消费者能从中获得什么利益？同时，平台又能从中获得什么收益？

若要开展拍卖活动，如何策划以实现流量和金钱的双重变现呢？

现在，探讨一个具体的方案：

无论是平台自身的商品还是通过其他途径获取的有价值的商品，平台设定规则，要求所有参与拍卖的人员预缴一定保证金，具体数额如 50 元，以确保拍卖活动的严肃性和参与度。

针对特定商品，平台定价为 100 元，其中包含 80 元的成本，而 20 元是平台的预期利润。

此外，可以设定一个起拍价，比如 110 元。然后，平台规定一个时间限制，例如 1 天。在这段时间内，A 出价 120 元，B 出价 150 元，C 出价 200 元，

D 出价 500 元。当平台判定出价达到合理高位，例如 500 元时，即宣告拍卖结束。

如果竞拍者 D 最终获得价值 500 元的商品，平台需退还所有参与者的保证金 50 元。从 500 元中扣除 80 元的成本及 40 元的平台利润后，最终剩余 380 元。平台将这笔钱分配给参与本次拍卖的消费者，其中 C 获得与 D 出价差额中的 300 元，B 获得与 C 的差额中的 50 元，A 获得与 B 的差额中的 30 元。

通过这样的活动，平台与所有参与者都能获得收益。即便部分参与者最终未能购得商品，但他们仍有机会获得金钱回报。

21

复利模式

复利是"世界第八大奇迹"。

——陈疆同

如何"滚雪球"

复利被誉为世界第八大奇迹。设想将 1000 元投入年收益率为 10% 的投资组合，并将每年的收益再投资。若采用简单利息计算，第一年获得 10% 的收益，即 100 元，加上本金 1000 元，总计 1100 元。继续此投资策略，第二年的收益将基于前一年的总额计算，即 1100 元的 10%，为 110 元，累计投资总额则达到 1210 元。若继续将 1210 元投入相同的投资组合，第三年结束时，总投资额将增至 1331 元。如此循环，长期投资将带来可观的收益。

投资期限越长，利息的复合效应越显著，财富累积亦越多。假设初始投资金额为 1000 元，年收益率为 7%，经过 30 年的复利投资，最终投资额将增至约 7612 元。复利效应随时间推移而增强，与单利的线性增长不同，复利在长期投资中能产生惊人的效果。

尽管复利的概念广为人知，但大多数人并未真正理解其含义。尽管有些聪明人知道复利的计算公式，并且明白长期的复合回报率能够带来惊人的收益，但真正能够深刻理解复利的人仍然很少。这是因为，我们的人生有限，很难有机会亲身体验到复利带来的巨大变化，同时，生活中也很难找到通过复利实现成功的实际案例。

复利是实现价值投资长期收益的关键方式，不理解复利，就无法全面理解价值投资的理念。

何为复利模式?

复利,即在一定时期内,将本金及其累积的利息再投资,以产生更多利息。简言之,即"利滚利"。

复利的计算公式

$$A=P\times(1+r)^{n}$$

式中:A 为最终金额;P 为本金;r 为利率(或增长率);n 为时间(或周期)。

复利的三个故事

在财务上取得成功,并不需要每年实现翻番或 20% 的增长,甚至低于 10% 的增长亦可。关键在于持续投资并给予足够的时间,复利将带来巨大的财富。回顾巴菲特讲述的三个关于复利的"滚雪球"故事:

第一个故事:从 3 万美元到 2 万亿美元

西班牙女王伊莎贝拉资助哥伦布进行环球探险的资本约为 3 万美元。这被广泛视为一次成功的风险投资。试想,若将这笔资金投入年复合收益率为 4% 的项目中,历经数百年至 1962 年,其价值将惊人地增长至 2 万亿美元。这样的计算方式,或许能为历史学家们在探讨印第安土著出售曼哈顿岛的历史事件时,提供一种辩护的视角。

第二个故事:从 2 万美元到 1000 万亿美元

1540 年,法国国王弗朗西斯一世以 4000 埃居购买了达·芬奇的《蒙娜丽莎》。若将这笔钱投入年税后复利收益率为 6% 的项目,到 1963 年,投资累计价值将达到惊人的 1000 万亿美元。这笔庞大的财产,超过当时法国全国负债的 3000 倍,其惊人增长完全归因于每年稳定的 6% 复利累积。

第三个故事:从 24 美元到 420 亿美元

这是关于曼哈顿岛的传奇故事,印第安人以约 24 美元的价格将小岛卖给了荷属美洲新尼德兰省总督彼得·米纽伊特。按照可比土地销售价格估算，曼哈顿岛的土地总价值约为 125 亿美元。正如巴菲特所讲述的，如果印第安人能够获得每年 6.5% 的投资收益率，那么在 338 年后，他们最初仅有的 24 美元将增长至约 420 亿美元，这一数额足以买回他们曾经卖出的曼哈顿岛，并且还有大量剩余。若年收益率提高到 7%，338 年后将增值至 2050 亿美元。若按照 11% 的投资收益计算，到 2000 年，24 美元将增至 21.43 万亿美元，远超曼哈顿岛当年的价值。

复利效应的三个案例

前述故事与我们日常生活的联系似乎较为遥远，然而在现实生活中，我们同样可以找到复利效应的实际例证：

案例一：可口可乐

在《巴菲特致股东的信》中，巴菲特先生提出了一例：1919 年，一位投资者仅以 40 美元投资于可口可乐的股票，至 1938 年，该笔投资通过分红再投资的策略，已稳健增长至 3227 美元。即便投资者从 1938 年才开始投资 40 美元于可口可乐，至 1993 年，这笔投资亦能增长至 25000 美元。

若此例尚不足以彰显复利的力量，继续追踪可口可乐的故事至 2022 年。1919 年的 40 美元投资，至 2022 年已增长至约 200 万元，经过 103 年的时间，这笔投资竟然增长了 50 万倍，复合年化收益率高达约 13.6%。

案例二：喜诗糖果

在 2008 年的《巴菲特致股东的信》中，巴菲特先生提到了喜诗糖果的卓越业绩：

"1972 年，我们以 2500 万美元购入喜诗糖果时，其销售额为 3000 万美元，税前利润不足 500 万美元。企业的运营资本为 800 万美元（每年需适度季节性借贷），从那时起，喜诗糖果为投入资本带来了高达 60% 的税前利润率。截至去年，喜诗糖果的销售额已攀升至 3.83 亿美元，税前利润高达 8200

万美元，运营资本也达到了 4000 万美元。这意味着自 1972 年以来，我们仅需再投资 3200 万美元，以适应适度的规模扩张和适度的财务增长。同时，税前利润总计达到 13.5 亿美元。"

据此计算，喜诗糖果自 1972—2008 年的 36 年间，利润增长了 169 倍，复合年化收益率为 15.3%。

案例三：拿破仑赠予玫瑰花

1797 年 3 月，拿破仑在卢森堡第一国立小学演讲时，发表了如下言论："为表达对贵校，尤其是对我夫人约瑟芬的盛情款待的感激之情，我不仅在今日呈上一束玫瑰花，而且只要法兰西存在，每年的今日，我将亲自派人向贵校赠送一束价值相等的玫瑰花，作为法兰西与卢森堡友谊的象征。"随着时间流逝，拿破仑早已忘记他于 1797 年在卢森堡国立小学所做的承诺，即每年向该校赠送价值相等的玫瑰花。然而，卢森堡铭记在心，并在 1984 年底向法国提出索赔，要求以 3 路易作为本金，按 5 厘复利计算，清偿自 1797 年起的玫瑰花承诺案；或要求法国政府在各大报刊上公开承认拿破仑失信。最终，法国政府选择通过支持卢森堡的教育事业来兑现拿破仑的承诺。最终，为了履行拿破仑对卢森堡第一国立小学的承诺，法国政府支付了高达 1375596 法郎的款项。

此乃复利效应之生动例证：起始不过 3 路易本金，辅以 5 厘之利率，历经一个多世纪风雨沧桑，竟累积至逾百万法郎之巨。由此，我联想到我们的营销活动，其中同样蕴含着"复利"的原理。资金的复利是通过利滚利的方式，随着时间的推移而增长，其关键在于时间的作用。至于营销活动，作为服务的一种，其核心在于推广产品，而服务对象终归为人。故而，人实为营销活动复利效应之关键所在。

22

联营模式

联合别人的资源赚钱。

——陈疆同

如何联合别人的资源赚钱

有一家企业，其经营者通过有效的供应链管理和标准化的制作方式，在未投入大量资金的情况下，成功开设了数百家门店，这一现象虽令人难以置信，但却是事实。

这便是米村拌饭的成功范例，一时间，米村拌饭风靡各地，其背后的经营智慧究竟何在？

设想若需开设一家新门店，便会向公众征集股东，无论是股东抑或员工，通常最高可持有 80% 的股份，余下的 20% 则由品牌方牢牢把握。

众所周知，一家门店的启动成本大致可分为四部分：第一是租赁费用，包括租金、押金及转让费；第二是装修费用；第三是设备购置费用；第四是货物采购费用，此外还有一些小额开支，此处可忽略不计。

假设一家门店的租赁费用为 10 万元，装修费用为 10 万元，设备费用为 10 万元，货物费用也为 10 万元，那么总投资启动资金共计 40 万元。租赁费用需立即支付给合作方；装修费用可通过协商分期支付给装修公司；设备费用可采用集中采购，享受账期，亦可向与品牌方有关联的供应链公司购买；货物亦倾向于向与品牌方有关联的供应链公司采购。

若装修费用仅需预付 50%，则实际启动门店所需资金为 15 万元，但通过小股东筹集的资金为 32 万元（40×80%）。

换言之，凭借小股东的资金注入，门店便可顺利启动。加之我们精心设计的分红机制，如三个月后才实施分红，品牌方几乎无须自掏腰包，即可实现门店的长期运营。

诚然，声称完全不投入资金略显夸张，但确实是以极少的资金，迅速实现了从数百家到数万家门店的规模跃升。

再以名创优品为例，这个品牌自 2013 年创立以来，凭借其物美价廉的产品迅速扩张，截至 2020 年 6 月 30 日，全球拥有 4222 家门店，并于同年 10 月 15 日在纽交所成功上市。创始人叶国富的个人财富随之增长，据估算超过 300 亿元。

这一商业奇迹的缔造者，正是联营托管模式。

加盟商提供所有资金，总部则负责提供包括品牌、标准化流程、线上平台、供应链管理和收银系统在内的五项核心支持。总部的盈利主要来自加盟商支付的加盟费、管理费以及通过供应链差价获得的收益。全球 4000 多家门店每日收入均汇入总部账户，且供应商给予总部三个月的账期，从而确保公司拥有充足的现金流。

加盟商出资，总部管理，如何管理呢？只需管理资金即可，资金所在即为话语权所在。收益分配模式为 62 ∶ 38，总部占 62%，加盟商占 38%。

介绍一个适合具有一定品牌基础企业的案例。

若想开设一家门店，需计算前后所需资金总额，假设为 120 万元。此时，需评估自己是否为一个具有强大影响力的强势品牌方，若品牌在当地具有显著的影响力和高度认可度。此时，可以预留 52% 的股份作为管理股，剩余 48% 的股份用于筹集 120 万元。投资者投入这 120 万元后，不参与任何管理活动，仅负责收取年度分红。持有 52% 的股份，需全面承担起从选址、市场调研、设计装修、厨房配套产品研发，直至管理、运营、营销的所有工作。

此时，以 52% 的股份成为绝对控股股东。

若品牌影响力一般，知名度不高，但他人希望与你合作，此时，可以降低股份比例，但不建议低于三分之一。例如，你可以持有 36% 的股份，这仍属于大股东范畴，用剩余 64% 的股份筹集 120 万元资金。

随后，你负责所有管理运营工作，让投资者安心等待分红。

此时，还有一个关键问题：面对可能是陌生人或仅有日常交往的投资者，如何迅速建立信任并促成合作？

可以考虑与他们签订一份具有对赌性质的协议。

即，若门店盈利，则共同分享收益。若经营状况一般，甚至出现亏损，作为创始人需承担保底责任。协议规定，合同期限为三年，其间双方均不得随意退出，三年后，若有人希望退股，可自由退出，而创始人需负责归还其本金。相信见到此协议，投资者会被你的诚意所打动，合作进程自然会加快。

作为创始人，需要让投资者对项目充满信心，并展现出对项目的坚定信念，以推动双方合作的顺利达成。

23

盲盒模式

实现快速清仓出货，让客户消费成性。

——陈疆同

快速清仓出货,让客户消费成性

本次讨论的主题为盲盒模式。

合肥市一位 80 后青年,借助一种独特的盲盒策略,成功开设了 140 家面馆,并在竞争中脱颖而出。他运用盲盒营销手段,创造出巨大的惊喜效应,使顾客产生持续的消费欲望,从而吸引更多顾客光临店铺。

那么,他是如何操作的呢?

他制作了一批造型奇特的面碗,每个碗内印有不同文字。例如,"此碗免费"——谁能抗拒免费的诱惑呢;"加 5 元可再享一碗"——对于食量大的顾客而言,两碗足以饱腹;"送鸡腿一个"——顾客下次来时可兑换,旨在促进二次消费;"送 3 张 3 元优惠券"——目的是激励顾客至少再光顾三次。

更为巧妙的是,碗上直接标注了"9.9 元办理会员卡,即可获赠 30 瓶饮料,每次消费即赠送一瓶",以此吸引顾客至少消费 30 次。在享受饮料赠送的同时,顾客往往会点选其他小吃,甚至可能邀请朋友一同前来,从而有效提升每位顾客的消费金额。这种开盲盒式的策略新颖别致,激发了顾客拍摄分享的热情,从而悄然为店铺引流。

盲盒之所以能吸引顾客频繁进店消费,不仅因其上瘾性,还因为其独特的惊喜体验和社交属性。根据艾媒咨询(iiMedia Research)的数据,消费者购买盲盒的原因多样,包括对设计的喜爱、产品包装的吸引以及好奇心等。盲盒营销活动通过提供超值商品和"百分百"中奖的乐趣，激发了顾客的购买欲望，从而显著提升了顾客的进店频率。盲盒的玩法多样，可根据自身业务定制奖励，让顾客在拆开盒子的过程中体验到惊喜与快乐。若能设计出引人入胜的盲盒玩法，店铺将逐渐为更多人所知，甚至可能成为网络红店。

通过盲盒营销，商家不仅能吸引更多消费者到店消费，还能通过设计不同的奖励提高顾客忠诚度，增加二次、三次购买的可能性。只要精心策划盲盒营销，不仅能引发裂变式传播，还能让顾客在消费中收获难以言喻的惊喜与满足。

盲盒营销不仅限于传统营销手段，还可与线上社交媒体平台如微信、抖音等结合，通过短视频、直播等形式吸引更多用户的关注和参与。

一位销售红酒的年轻女性，当顾客购买价值200元的红酒时，会额外赠送一张小程序上的盲盒券。虽然消费送券并不新鲜，但她巧妙地加入了循环福利。

那么，盲盒是如何实现循环的呢？

在10个盲盒中，有3个是实物，其余7个是20元的红包。顾客拆到红包后可以继续拆盲盒，直至拆到实物为止。想象一下，即便一次未能抽中实物奖品，顾客也能喜获20元红包；而若连续十次与实物擦肩而过，更是能斩获高达200元的红包大奖。这一设定无疑为抽奖活动增添了无限趣味，驱使顾客为了提升中奖概率而频繁下单，进而成功吸引了大量顾客前来购买产品。

顾客获得优惠，商家是否会亏损呢？因此，在设计盲盒玩法时，商家需注意控制成本，以免影响盈利。

以200元的红酒为例，当10人购买时，平台收入2000元。这10人拆盲盒时，每10人中有3人拆中实物，7人拆到红包。

在进行盲盒营销策略时，商家也需关注消费者的反馈和意见。通过倾听消费者建议和意见，不断优化盲盒策略和产品设计，从而提升消费者满意度和品牌形象。

近年来，一个令人难以置信的现象发生了，许多年轻人深夜排队抢购剩菜剩饭。例如，丹麦的 Too Good to Go 平台将餐厅打烊前的食物打包成盲盒销售，深受年轻一代欢迎，并且在 2022 年用户量激增 50%。这种模式不仅减少了食物浪费，还为商家和消费者创造了价值。

原来，他与饭店、面包店、超市等合作，将当天未售出的食物随机组合成盲盒，以原价的一半或最低 25% 的价格出售。通常价值 100 元以上的产品，顾客仅需支付 25 ~ 40 元，一袋食物便足以满足一日三餐，给顾客带来"薅羊毛"和开盲盒的双重快感。这就是丹麦外卖公司 Too Good To Go。

作为中间商，主要收入来源为每次交易抽取的 20% 佣金，以及商户每年支付的平台加盟费。

国内也有类似的模仿者，如长沙的惜食魔法袋、上海的兜着走等。上班族每天零点开始线上预约，下班时即可到店领取价值 10 元的大袋墨茉点心局、原麦山丘、面包新语等产品。简而言之，这是一种清仓模式，商家减少了处理成本，消费者得到实惠，食物也未被浪费。

24

软硬件结合生态模式

在构建商业模式的过程中，必须打好基础，形成生态系统，这将使商业模式更加稳固。

——陈疆同

打造产业生态万亿大平台

本篇讨论将围绕软硬件结合的生态系统展开。

在手机制造领域，苹果公司之所以能够实现万亿美元市值，主要得益于其强劲的业绩增长、盈利能力、强大的生态系统、积极的股票回购和股息政策，以及市场对其未来发展的乐观预期。与此同时，其他品牌在市值增长方面面临挑战，可能是因为缺乏类似的综合优势和市场信心。

以锤子手机为例，它在发展过程中遭遇重重困难，未能达到市场预期，原因何在？

实际上，锤子手机对苹果手机的模仿可能仅限于表面。从锤子手机的发布会中，可见其展示了诸多炫酷功能，与乔布斯在苹果产品发布会上的做法如出一辙。然而，值得强调的是，苹果公司的成功绝不仅限于产品功能的突破。若单纯地认为仅凭功能的创新或超越就能复制苹果公司的成功，从而打造一家卓越的手机企业，这种想法显然过于天真。

苹果公司的成功，除了产品本身，还源于其背后强大的商业逻辑，主要体现在两个方面：

软硬件结合的模式。

苹果公司提供的不仅仅是一款手机，因为手机作为消费品，其购买频率相对较低。即便频繁使用，一年一换也已近乎极限。因此，若仅依靠销售手机，其市值和盈利空间将受限，显然这并不符合苹果公司的期望。

苹果手机与苹果商店的结合，不仅赋予了产品更多价值，还通过硬件与软件、产品与服务的融合，显著提升了用户的使用频率。例如，根据表现指标，应用商店（App Store）的持续使用率和转化率等数据反映了用户对苹果生态系统的高度依赖。此外，苹果手机（iPhone）的便携性和多功能性，以及 App Store 丰富的应用种类和个性化服务，共同促进了用户使用频率的提升，从而实现了所谓的锁定效应。其软件仅适用于苹果手机，自然而然地将用户锁定在其构建的生态系统中。国内众多手机厂商纷纷尝试模仿苹果公司的成功模式。

其中，小米的模仿较为接近。

小米初期也在构建手机与米家生态体系，然而米家生态体系尚处于发展阶段，尚未成熟。因此，小米在香港上市时，投资者对其估值并不高，部分原因在于人们认为其商业模式仅限于简单的商品销售，尚未形成软硬件结合的协同商业模式。

除了软硬件结合，苹果手机成功的另一个关键因素是对供应链的严格控制。

我曾阅读过一家知名 IT 研究机构的报告，他们评选出全球最佳供应链管理企业，苹果公司名列其中。一部苹果手机包含超过 500 个元器件，这些元器件由 200 多家上游供应商提供。苹果公司在供应链管理中，采用了高效的无缝对接方式。

苹果公司深度介入上游所有元器件的开发、生产及制造流程，对产品质量施以严格控制，确保其手机技术始终引领市场，保持两到三年的领先优势。派遣大量工程师入驻合作的元器件生产工厂，进行共同开发，例如富士康这样的组装工厂，派出了超过 2000 名工程师入驻，进行监督和协同管理，实现了供应链的无缝衔接。

此举不仅确保了苹果产品品质的至高无上，更稳固了其市场前沿的领先地位。这实际上是苹果公司商业模式中最为核心，却不易为人所见的因素。

库克之所以能接替乔布斯，成为苹果公司的新任首席执行官（CEO），是因为他之前正是负责管理苹果公司整个供应链业务的主管。

在构建商业模式的过程中，必须打好基础，形成生态系统，这将使商业模式更加稳固。我们往往只能窥见苹果公司、波音等公司成功的表象，而其背后真正的驱动力，却隐藏在不易察觉的生态系统管理中。

在所在的行业和领域，关注点不应仅限于单一功能或产品，而应是如何构建一套生态系统，并以该系统建立我们坚固的竞争壁垒，确保我们无法被超越。

25

社群模式

找到超前的商业模式，把握时代的下一个潮流。

——陈疆同

如何通过社群批量成交用户

本篇将深入分析社群模式，案例极其引人深思，揭示了台湾首富王永庆如何通过大米销售与客户建立终身的联系。

台湾首富王永庆在年轻时以销售大米和食用油起家。他察觉到邻近茶叶店的冷清，便向店主献策：凡购廉价茶者，赠以半两高价优质茶，每斤值百元。

茶叶店老板对此表示疑惑，担心这会导致更大的亏损。然而，王永庆信心满满地保证，按照他的方法去做，定会有所成效。

茶叶店老板抱着试一试的心态，结果不出数月，生意果然有了显著的改善，越来越多的顾客开始购买优质茶叶。究其原因，顾客屡尝佳茗后，再难咽粗茶之味。

实际上，王永庆所采用的策略，简而言之，就是促进用户追加购买，他在自己的米店也运用了这一策略。

当顾客购买大米并结账时，王永庆会提出：由于大米过于沉重，顾客可以留下地址，他将亲自送货上门。他不仅送货上门，还会将大米送入顾客的厨房，帮助顾客倒空旧米缸，清洗干净后装入新米，并在上面铺上一层纸，确保顾客先食用旧米，再食用新米。

顾客见状，他店难寻此等优服，无不心生感念。关键是，顾客们茶余饭后还会帮他做宣传，让亲朋好友都去他家买，所以店里的顾客与日俱增。

送米多累啊，多费时间啊？实则，王永庆此举暗藏玄机，送米之时，他细心观察顾客家的人口数量，并精准估算出大米的大致消耗周期。

比如，如果这些米够吃三个月，那在第三个月中旬，王永庆就会主动背上一袋米上门，跟顾客说：我估摸着你家米快要吃完了，又送了一袋新的，我是给留下，还是背走呢？大部分顾客都会选择让他留下，还省得自己再去买了。此举，无疑巧妙地实现了再次销售。

故而，拙劣的商人只满足于一次性交易，对于客户的后续需求与回访时间浑然不知，最终导致客户流失至竞争对手之处。

而在商业中，高手懂得如何通过长期关系管理来提升客户的终身价值，这不仅包括通过优质产品吸引新客户，还涉及通过持续的追销策略来最大化每个顾客的潜在价值，并鼓励现有顾客推荐新客户。其实，只要我们对老客户多用点儿心，业绩就能轻松翻倍，那具体该怎么做呢？

比如，我们有个开母婴店的企业家学员，以前，他卖完东西，就再也不跟客户联系了，甚至还害怕客户回过头来找他麻烦，这种思维肯定是不对的，生意自然也是越来越惨淡。

随后，我们为店主献策，建议其将每位进店顾客，无论消费与否，均设法纳入社群管理。显然，对顾客进行合理分组至关重要，如高客单值客户、低客单值客户，以及潜在意向客户等。针对不同的客户，采用不同的运营方式和产品推荐。

此外，老板频繁在社群与朋友圈分享宝妈育儿心得，精心塑造育儿专家的形象。比如宝妈孕期饮食要注意什么？孩子发烧了怎么做应急处理？孩子老咳嗽怎么办？针对孩子不同表现症状，应该补充什么营养品？……同时还经常在店里举办小课堂，邀请宝妈们来参加学习，总之想方设法和宝妈建立深度的信任和提升客户黏性。

　　随后，进行产品追销便显得顺理成章。以后再也用不着跟同行打价格战抢客户了，因为客户全都沉淀在社群中，不管市场怎么变，都能从自己的池子中赚钱。因此，成交并不是交易的结束，恰恰相反，它只是开始。

　　互联网时代，新兴商业形态如雨后春笋般涌现，所有企业和用户都在求新求变。找到超前的商业模式，把握时代的下一个潮流。想让企业走得远，老板得先把视野打开，不断地从前沿的商业模式中汲取经验，企业才能拥有持续发展的动力。

26

时空模式

客户停留时间越长，消费的可能性就越大。

——陈疆同

免费模式在时空维度上的实施策略

所谓时空模式，即在特定的时间或空间范围内，通过提供免费服务，以换取企业其他方面的利益。它的核心理念在于将原本统一的时间或空间分割出一部分来提供免费服务，利用这种时空上的独特优势，来换取企业所需的其他利益。

探讨免费模式在时间维度上的具体实施方法。

以餐饮业为例，部分餐厅在中午时段生意较为冷清，而晚上则生意兴隆。因此，餐厅可以选择在中午时段推出优惠活动，如提供免费酒水饮料或第二道菜免费等，以此吸引顾客，而到了晚上则恢复原价。尽管中午时段的利润有所减少，但鉴于房租和人工成本相对固定，增加的任何收入都可视为纯利润。

同样，许多旅游景点和酒店也存在淡旺季之分。在淡季时，景点和酒店可以推出门票买一送一或免费政策，以及提供优惠套餐，例如免费享用价值138元的海鲜自助餐，以此吸引消费者。

对于歌厅（KTV）而言，晚上客流量大时可保持原价，而白天则可免除包房费，通过酒水和果盘盈利。虽然利润相对较低，但总比没有收入要划算。

这种模式意味着在正常运营的同时，利用免费策略在相对劣势的时间点吸引顾客或增加利润。此外，还有一种时间上的免费模式，即通过固定的时间节奏来构建消费频率。

例如，某超市每天下午6点进行蔬菜买一送一的促销活动，直至售完为止。此做法意在培养消费者定时购物的习性，进而达成持续吸引顾客流量的目标。

双十一购物节，作为阿里巴巴集团每年大力推广的固定消费盛事，已经成功地培养了消费者的购物习惯。例如，根据阿里巴巴发布的财报，双十一期间的买家数量创历史新高，销售额也实现了显著增长，这表明消费者已经习惯在这一天到淘宝等平台进行购物。

此种依托固定时间节奏构建消费频率的模式，唯有持续运作，方能促使消费者习性养成。消费者习性一旦稳固，企业便可谓之成功在望。

除了时间，免费模式在空间维度上也有其实施策略，其中肯德基和麦当劳的应用尤为出色。

在逛街时，若急需使用卫生间，人们往往会想到肯德基或麦当劳，因为这两家的卫生间可以免费使用，并且保持清洁。不仅如此，顾客还可以免费使用桌椅休息，即便不点餐也不会受到干扰。故而，肯德基与麦当劳之所以能蔚为壮观，归因于它们将八成的空间慷慨地开放给公众免费使用。

更有部分肯德基与麦当劳内设有免费儿童乐园，此等免费空间无疑成为吸引顾客驻足的重要原因，顾客一旦停留，消费行为便可能随之而来，诸如品尝一杯清凉可乐或一份香脆薯条。这种策略同样适用于一些公园，公园虽然免费开放，但内部设有许多收费项目，吸引游客消费。

提及空间免费模式，我还会想到一个案例。

某健身会所的经营者在会所内划出一块区域，放置一些基础健身器材，并免费对外开放。因此，附近居民纷纷涌入免费健身区域，其中部分居民因体验良好而最终转化为会所的年卡会员，确保了会所客户源的稳定。这正是空间免费模式的一个典型应用。

　　另一个案例涉及一个位于市区偏远地带的农家乐。农家乐巧妙地将部分空间转变为儿童游乐区，配备了沙堆、挖土车等玩具供儿童免费畅玩，同时，游客还可以在院子里免费抓取放养的 10 只鸡，享受抓鱼、打麻将、打台球等多样活动，晚上更有露天电影观赏。游客在农家乐玩乐一整天，自然会乐于在餐饮上消费，使得农家乐生意兴隆。

　　那么，空间免费模式应如何实施呢?

　　关键在于巧妙划分空间，将其转化为具有吸引力的免费项目，同时保证服务质量，以延长客户的停留时间。客户停留时间越长，消费的可能性就越大。

27

特许加盟模式

方向选择一旦有误，再多努力也将付诸东流。

——陈疆同

如何实现门店快速裂变

采用加盟模式是实现门店快速扩张的有效途径。通过一个案例来探讨，杨国福如何从三家门店发展至六千家，成功在国内市场超越麦当劳。

切勿被表面现象迷惑！认为杨国福仅凭销售麻辣烫实现盈利，这显然是一个误解。其盈利模式远比想象中更为复杂和深远。

杨国福在全国范围内拥有六千家门店，然而由公司直接投资开设的门店数量不足三家，其余门店均为他人投资开设。近年来，杨国福麻辣烫凭借其强大的供应链体系和统一化、标准化、易拓展的加盟经营模式，实现了迅猛的发展。据悉，杨国福麻辣烫以每年新开 1000 家门店的速度增长，平均一天就有将近 3 家店开业，目前在全球所拥有的门店已经超 6300 家，并还在持续扩店当中。这不禁引人好奇，即将在港股市场上市的杨国福，究竟采取了何种策略实现如此成就？

探讨其差异化竞争策略：

杨国福的配方融合了东北与四川的风味。创始人杨国福无法忍受四川的辣味，因此决定改良配方，推出适合东北人口味的麻辣烫，号称"可喝汤的麻辣烫"。这一创新之举迅速赢得了当地市场的青睐，助力杨国福夫妇在短时间内声名鹊起。然而，真正推动杨国福从 3 家门店发展至 6000 家，并在国内市场超越麦当劳，与肯德基并驾齐驱的，实际上是其"特许加盟模式"，这一模式堪称未来十年的黄金扩张策略。那么，具体是如何操作的呢？

杨国福并未像同行那样，自行投资开设每一家门店，而是将公司转型为产业赋能平台，通过销售系统和模式来实现盈利。杨国福向潜在合作伙伴提出：鉴于生意如此兴隆，何不你也开设一家门店呢？单店年均利润可达 100 万元以上，且加盟费用相对低廉，每年仅需支付 2 万元。

杨国福在加盟费用的收取上采取了灵活的策略，并未急于求成地设定高额费用，而是选择以按年收取的方式，给予了合作伙伴极大的经济支持。他们认为，这样的入门条件颇为宽松，即便经营出现波折，也能迅速调整，避免损失扩大。加之装修与设备费用，总投资不超过 20 万元，即可跻身门店经营者之列。

更令人印象深刻的是，总部提供的强大系统支持。

例如，总部提供品牌授权，并利用大数据帮助合作伙伴科学选址；无须自行招聘厨师，总部直接提供生产好的底料；总部还提供供应链支持，确保材料的采购比自行购买更为方便且价格更低，品质和口味更佳；此外，总部建立了商学院，为合作伙伴及其员工提供培训，教授如何运营店面、提升营业额、构建线上渠道以及确保卫生安全等多方面知识。

对于投资者而言，杨国福门店的开设成本颇为亲民，而其平均利润竟可达百万元之巨，这无疑是一块极具诱惑力的投资磁石。即便毫无餐饮管理经验，也能游刃有余地运营门店，既省心又省力，正因如此，众多投资者纷至沓来。

在了解了加盟商的权益后，杨国福总部又是如何实现盈利的呢？

首先，通过收取加盟费和系统培训费，每年收入超过 1 亿元，但这仅占杨国福总营收的一小部分，不足 10%；其次，通过供应链盈利，杨国福除了向加盟商销售调味料、鱼丸、蟹棒等食材，还出售厨房设备和餐厅家具等。由于拥有 6000 家门店的庞大规模，杨国福对上游供应链具有极强的议价能力，能够降低成本，赚取更多差价。最终，供应链收入占其总营收的 90%。

因此，杨国福并非通过销售麻辣烫来盈利，其主要收入来源实际上是加盟费和供应链的利润。深入剖析杨国福的商业模式，我们能从中汲取哪些宝贵的经验与教训？

过去，许多企业主曾陷入两种效率低下的扩张模式：

首先是重资产的直营扩张模式。

企业主往往将一家门店的盈利悉数投入下一家门店的筹建，这一做法虽稳健却限制了扩张速度，且潜藏巨大风险。可能经过二十年的辛勤经营，仅能开设十几家门店。而且，房租、库存、人工等所有成本均由总部承担，面对突发事件，企业只能通过调整商业策略、控制成本和使用信贷融资手段来确保现金流的稳健，避免现金流断裂，防止企业一夜之间回到原点。因此，重资产模式最终可能拖垮企业，正如火锅行业的巨头海底捞，曾经风光无限，如今也不得不关闭 300 多家门店，一年亏损高达 42 亿元。

其次是传统的招商加盟模式。

仅向加盟商提供品牌和供货，而不提供经营管理系统的支持，导致加盟商缺乏抗风险能力。因此，尽管门店数量不断增加，但随之而来的却是不断地关店，最终导致企业走向末路，如贤和庄，加盟商因无法经营而持续亏损，最终集体维权，试问还有谁愿意加盟呢？

杨国福通过特许加盟模式，成功规避了高房租、高库存成本、高人工成本的"三高"困境，实现了轻资产快速扩张。公开资料显示，截至 2021 年 9 月，杨国福旗下有 5783 家餐厅，其中 99% 以上为加盟店，这一策略不仅帮助其迅速占领市场份额，而且在财务上保持了稳定的营收和净利润。

因此，方向选择一旦有误，再多努力也将付诸东流。不少企业主虽置身于互联网时代，但其思维却固封于传统模式。任凭如何拼搏，亦是徒劳无功。企业的成长源自企业主的认知和思维模式，百亿级企业的背后，必定站着百亿级思维的老板。一旦思维转变，市场前景将一片光明。

28

体验模式

先体验，后消费，让客户欲罢不能。

——陈疆同

先体验,后消费

何谓体验模式？体验模式乃通过为客户提供免费体验产品之机会，使客户认识到产品之优势，从而激发其购买意愿。

其原理并不复杂。例如，产品虽好，但客户未曾体验，自然不知其妙。此时，若想售出产品，难度自然不小。然而，若先让客户体验，则客户一旦感受到产品之益处，购买便易如反掌。

探究韩国按摩床之销售策略。韩国按摩床价格不菲，单价高达 12800 元，若以传统方式销售，恐难有销路。那么，应如何操作呢？

他们在大型社区附近租赁门店，并宣传提供 30 张免费按摩床供人体验，每位进店者均可免费享受 30 分钟按摩。果不其然，社区中的长者纷纷前来体验，每日访客络绎不绝，甚至有人清晨五时便携凳排队等候。

按摩床温度设定为 40℃，店内播放轻柔音乐。长者躺下后，不过十分钟便显露出困意，二十分钟已酣然入梦，直至半小时，服务人员将其轻声唤醒，迎接下一位体验者。体验之后，长者们意犹未尽，满心期待次日再享，日复一日，乐此不疲。三个月后，长者们已习惯于按摩床，免费体验期亦告结束。

此时，向客户提供三种选择：

其一，支付 12800 元购买一台按摩床，随心所欲地享受按摩；

其二，若客户不愿购买，可选择租赁，月租 600 元或两月 1000 元，每日可到店内享受一小时按摩；

其三，若客户既不购买也不租赁，可介绍两位新客户，即可再免费享受一个月按摩，此即客户裂变策略。

结果，在短时间内，该按摩床垫便售出 200 余台，累计收款超过 200 万元，这一成绩得到了消费者的广泛认可。

再举一例，KTV 如何经营？一家名为麦霸的 KTV 生意冷清，老板考虑转让店铺。我建议他先不急着转让，尝试一种新策略。老板采纳后，一个月内KTV 便天天客满。

具体做法如下：

借鉴 KTV 规模化引流卡模式，我们制作了一小时免费欢唱卡，并通过多个当地渠道进行分发。顾客持卡可享受一小时免费欢唱服务，3 ~ 5 人可选择小包房，5 ~ 10 人适合中包房，而 10 人以上的大团体则可使用大包房。顾客多为年轻人，不满足于仅唱歌，于是点购啤酒饮料、爆米花、鱿鱼丝及水果拼盘，酒兴正酣，歌声嘹亮，众人兴致高涨，再续唱两小时，生意因此兴隆。

第三个案例：楼盘销售房屋。

楼盘通常如何销售房屋？客户进入售楼处，观看楼房模型，销售人员在旁介绍，客户却毫无感觉。正确的做法应是怎样的？

客户到来时，不直接引导其观看模型，而是先带至车库，展示车库设计之便利性；随后步入小区，在林间散步，观赏树木、花卉及庭院设计；再进入房间，观察客厅、厨房及卫生间。厨房内备有锅碗瓢盆，可即兴烹饪；卫生间装有智能马桶盖，可供使用。客户可坐于客厅沙发上，享受微风与阳光，体验成为房屋主人之感觉。全程两小时，不进行任何销售，仅让客户感受家的温馨。客户体验越深，购买欲望越强烈。销售人员无须多言，房屋便迅速被售出。

第四个案例：马戏团骑马体验。

某主题乐园内马戏团设有骑马项目，原定骑马照相收费 30 元，骑者寥寥。后改为第一圈免费，第二圈收费 30 元。客户一旦上马，感觉良好，不知不觉间便骑了一圈又一圈。结果，免费体验第一圈的客户中，有 50% 选择付费骑第二圈，20% 甚至骑了第三圈。骑完后，再拍照留念，即使花费些许，客户也心满意足。

实际上，许多行业均可采用体验模式，如餐饮业的试吃、教育业的试听、服装业的试穿等。销售人员应避免强行推销，转而引导客户体验产品，因为客户体验的深度与购买意愿成正比。

如今，所有苹果零售店均更名为苹果体验店，店内 97% 的区域用于产品体验，仅 3% 的区域设置为收银台。苹果店内的红衣工作人员从不推销，他们仅指导顾客如何使用苹果产品，这正是体验模式的精髓所在。

最后，我将阐述体验模式的三个关键点：

第一，时间的把握至关重要，既不能让客户体验不足，亦不能过度，需要恰到好处；

第二，确保客户在设定时间内体验到产品的核心功能，使其迅速见到效果；

第三，激发客户的情感体验，一旦客户有了感觉，便会立即决定购买。

29

团购模式

让客户消费成性，实现产品倍速销售。

——陈疆同

如何让产品倍速销售

本篇将探讨团购模式。审视一个案例：一位农村大叔通过生鲜团购业务，一年内实现了六亿元的收入，这一成就令美团、朴朴等企业感到震惊。

他访问了 1000 个中高档小区，与宝妈们达成协议，由她们担任团长并负责管理店铺，而商品和店铺均由他提供。团长可获得商品销售额 30% 的报酬，并将定期接受培训，参与福利见面会。若月销售额达到 5 万元，还将为其缴纳社保。即使业绩有所下滑，依然会给予充分的支持。这一系列激励措施吸引了 3 万名团长，覆盖了 340 万会员。

他销售的商品独具特色，涵盖名牌水果及航空级海鲜等高端品类。通过走高端路线，他成功避免了与美团优选、多多买菜等平台的直接竞争，而其真正的竞争对手是线下的专卖店。每位团长的店铺，提供的精品果蔬较专卖店便宜三四元，并拥有稳定的粉丝群，无形中分流了专卖店近半的客源。

针对客户群体，他还推出了礼盒装、损坏包赔以及三天必达的服务，背后拥有强大的供应链支持。他直接与农业基地合作，实行订单化生产，以降低生鲜成本，并且自建了水果供应链公司，能够直接与厂家对接。

此外，还有一家小型团购企业，在短短六个月的时间里通过社区团购模式实现了惊人的 20 亿元营业额，其成就甚至超越了当年的拼多多，他们是如何做到的呢?

在我看来,这种商业模式之所以会成功,是因为在他们那里购物会令人上瘾。

仅仅购买了一单后,我便迫不及待地想要再次购买,半小时内,不知不觉间已下单五次,却未曾获得任何产品。既然一个产品都没有买到,为何我还如此热衷于购买呢?

在那半个小时里,我虽然没有获得任何产品,但我赚了 71 元。我是如何赚到这笔钱的呢?

其核心机制在于,无论是 10 人团还是 50 人团,仅 3 人能成功拼得产品,其余参与者则落空。那么,那些未能拼到产品的人怎么办呢?他们会将钱原路退回,并额外赠送一个红包。

以 59 元一支的洗面奶为例,若为 10 人团,仅 3 人能拼得产品,其余 7 人将空手而归。对于未能拼到产品的参与者,除了退回各自的 59 元,还会额外赠送 5.9 元的红包。假设你参与了拼团并成功获得产品,他们自然会发货;若未成功,除了退回 59 元,还会返还 5.9 元的红包。若连续 10 次拼团未果,将获得 59 元的红包补偿。

利用网络平台模式,他们通过构建一个平台连接供需双方,并从中收取佣金或增值服务费,在六个月的时间内赚取了 20 多亿元。

在拼团活动中,即使未获得产品的顾客也会收到红包作为参与奖励。这种模式不仅不会导致亏损,反而是一种有效的营销策略,通过吸引顾客参与和分享,商家能够实现销量增长和品牌曝光,从而实现盈利。

为何能稳赚不赔呢?

以 59 元一支的洗面奶为例,成本仅约 20 元。根据市场调研,洗面奶的成本构成包括原料、包装、运输和利润等部分。每次开团,若 3 人拼到产品,商城将收入 177 元,而 3 支洗面奶的成本仅为 60 元。即便给 7 个未拼到产品的人每人返还 5.9 元的红包，7 人的总成本仅为 41.3 元。商城收入 177 元，减去成本 60 元和红包成本 41.3 元，最终商城净赚 75.7 元。

围绕这支洗面奶，每次开团，商城都能赚取 75.7 元的利润。如此高的利润率，你还会认为商城在亏损吗？事实上，尽管他们商城有 400 多种产品，但无论选择哪个产品参与团购，通常在 5 分钟内就能成功开团。他们是如何在初期就获得如此巨大的流量呢？

这是因为他们的小程序商城具备分销功能。若成为他们的分销商，并推荐朋友在商城内购物，将获得佣金。即便你的朋友未能拼到产品，你依然可以获得佣金。试想，若你处于这种情境，是否也会感到心动呢？

30

微商模式

能够实际执行的商业模式才是优秀的商业模式。

——陈疆同

如何让产品快速裂变

微商作为一种商业模式，对许多人而言并不陌生，甚至有些人对此持有负面看法。受人情因素影响，部分朋友可能在非自愿的情况下购买了产品或体验了服务。实际上，微商属于尚处于发展阶段的市场领域，其特征与法律法规尚未完善的领域相似，容易出现漏洞。然而，一旦出现问题，相应的法规就会被制定出来。微商领域正处于持续发展和变革之中……

微商的兴起大约始于 2014 年，至今已有超过 5000 万人从事这一行业。微商之所以能吸引众多人群，关键在于其降低了创业门槛，相较于传统招商加盟模式，微商更像是一种无实体店铺、操作更为简便的创业方式。

然而，并非所有人都适合成为微商项目的操盘手。作为项目的创始人，需要具备以下四个维度的能力：

首先，人的维度。

操盘手须具备值得信赖的品质，能够赢得他人的信任与追随，彰显领导魅力。同时，操盘手还需可靠，具备带领团队成长并实现盈利的信心和能力。

其次，产品维度。

作为操盘手，必须实时监控项目供应链的每一个环节，如项目由操盘手、合伙人和内部运营构成，操盘手需要关注顶层大代理的情况，监控每日新进代理的数量等；必须熟悉国家政策，了解产品的市场前景以及与竞争对手的差异，找到利润最大的市场。

再次，资金的维度。

作为操盘手，核心目标是确保公司和代理都能盈利，这涉及顶层架构设计中的分销等级或分润制度设计。

分润制度设计时需注意以下五个方面：

1. 层级设计应不少于五个级别，以确保团队快速扩张并迅速启动，同时通过合理的股权结构来有效规避潜在风险；

2. 代理等级的门槛倍差应小于或等于五倍，如基础代理的门槛是 500 元，那么第二级代理的门槛应小于或等于 2500 元，以此类推；

3. 各级代理之间的拿货价格差异应确保不少于 10 元，以确保利润分配的合理性；

4. 最低代理门槛应控制在 1000 元以内，以便更好地扩展团队；

5. 公司的毛利率应大于或等于 60%，如产品成本为 15 元，那么最顶层代理的拿货价应为 15/0.4=37.5 元，以此类推。

保持毛利率在 60% 以上的好处在于：

1. 可以为代理提供足够的返利空间；

2. 能够维持团队的基本运营；

3. 有更多资金可以投入市场中，提高销量。

最后，运营的维度。

运营可分为内部运营和外部运营。内部运营包括流量、成交、裂变、帮扶、动销、美工、培训、会议等环节，运营的关键是使代理能够轻松复制，实现傻瓜式操作。只要坚持不懈地努力，成功终将到来。

总结来说，如果前述的人、产品、资金三个维度是做加法，那么运营维度就是做乘法，是项目能否成功启动的关键。

接下来，探讨如何零启动微商项目。

第一，准备阶段。

根据人员配备准备好手机，每人两台，用于注册微信，积累朋友圈；整理招商手册（电子版和纸质版）；设计整套项目的文案海报；整理培训课程；准备三篇招商文案；系统转化话术；节点造势；帮扶策略；裂变策略。准备工作的精细入微，将直接奠定项目未来的高度。因此，作为项目的领航者，切忌急功近利，确保资源筹备周全，方能稳操胜券。

第二，规划核心价值体系，价值体系是影响决策、促进代理成交的关键。

清晰的价值体系，是其影响力的源泉；明确的价值导向，让招商之路更为顺畅；价值体系的透彻，更能激发裂变的巨大能量。

核心价值体系必须具备足够的吸引力和强烈的痛点，能够影响用户的决策。

第三，设计营销卖点。

营销卖点，是价值体系持续绽放的火花；而微商的裂变速度，正是这火花不断闪耀的坚实基础。

第四，浪潮式打法。

以营销卖点框架为基础，采取持续性的营销策略计划。记住一个原则：不要一次性透露所有信息，保持用户对产品"关注、好奇心、期待感"的持续性。

第五，启动超级裂变形态。

1. 预热后，收割第一批种子用户；

2. 发动种子用户，与公司共同实现裂变；例如，设定万人团队目标，以60天为招商周期，最终进入常规化运营阶段。只有保持团队的基数，才能在正式运营后，将市场做大，提升销量。

在此，裂变的核心在于，能够实际执行的商业模式才是优秀的商业模式。

31

免费模式

免费策略不仅是商业策略，更是攻占消费者心理的策略。

——陈疆同

如何运用"免费策略"实现盈利

在探讨"免费策略"时，众多企业主仍旧固守传统观念——通过提供免费优惠、试用样品等方式吸引顾客，以推广其产品。例如，商家通过提供免费样品供顾客试用，或设立免费试用期等服务来吸引顾客。然而，这些传统的免费策略虽然看似具有吸引力，但实际上转化效果可能并不尽如人意，且往往需要企业为此投入大量资金。

我需要明确的是，所谓的"免费策略"并非通常所理解的"免费赠品"或"优惠活动"。我所指的"免费策略"可以概括为以下三点：

1.免费并非毫无代价，而是一种价值的转移：它并非意味着完全没有成本，而是通过其他途径（如增加附加值、后续服务等）来实现盈利。

2.免费策略是一种直接且高效的营销手段：一个设计得当的免费策略能够迅速吸引目标客户群体，降低顾客的购买心理门槛，从而迅速扩大企业的市场份额。

3.免费是一种战术，而非战略：免费策略是一种短期的战术手段，而非企业的长期战略或经营模式。它更侧重于通过瞬时的价值传递来获得客户的关注与信任。

提及"免费策略"时，不少人容易将其与传统"免费模式"混淆。这种认知误区，往往会让人错失盈利良机。接下来，我将详细阐述如何通过正确的"免费策略"，真正实现盈利。

有一位从事包装行业的企业主，其主营业务是提供高效的液体包装解决方案。目前，他已经实施了"免费包装设备"这一策略，而每台设备的市场价通常在 50 万～70 万元。

或许有人会问，如果这些包装设备是免费的，那么这位企业主是如何实现盈利的呢？其实，"免费"并非意味着零收费，而是通过转变盈利点来实现收益。一台包装设备的生产成本大约为 60 万元，企业主在出售设备时实际上并不盈利，甚至可以说是按照成本价出售。客户购买设备后，企业主的盈利点在于客户的持续使用，特别是设备所需的耗材。

具体而言，该企业主提供的包装设备需配套专用耗材包，如包装袋、封口膜、滤芯等，且这些耗材仅限通过指定供应商或特定生产线生产。若客户擅自使用非指定耗材，设备恐怕会遭遇故障或性能大打折扣。因此，企业主就通过这些专用耗材的持续销售来实现长期的盈利。每个包装袋、每个封口膜都是高频消费品，客户每年都需要大量更换和补充，企业主也因此获得稳定的收入。

有些人可能会疑惑，如果我购买了设备并将其转手出售，或者将设备损坏，企业主又如何盈利呢？

首先，尽管设备是以成本价出售的，但通常情况下，客户不会轻易毁坏或转手卖掉。设备与耗材紧密相连，确保了设备的稳定运行和产品的质量保护。客户依赖于合适的耗材供应商，因为缺乏适当的耗材将直接影响机器的正常工作，这构成了一个封闭的盈利系统。其次，作为一个中间商，或许能在市场上赚取设备差价，但不论谁购买了设备，只要继续使用，都必须向企业主采购这些专用耗材。

此外，包装设备的使用年限和定期维护同样可以为老板带来持续收入。客户在使用设备的过程中可能需要定期的技术支持、设备升级或维护，而这些服务和耗材的更新也是企业盈利的源泉之一。

这就是"免费策略"的核心。这里的"免费"并不是完全不收费，而是通过将设备的销售和耗材的持续需求结合在一起，创造出一个长期盈利的闭环。客户购买设备后，实际上是通过设备的使用持续为公司带来收入，而非一次性的设备销售收入。企业通过不断销售指定的耗材、提供维护服务以及其他附加服务，实现了稳定且持续的盈利。

现在一提到美容店，许多人就会有一种防备心理，原因何在？因为美容师只顾着推销会员卡，而且一次充值最少 500 元。办理一张 500 元的会员卡可以享受美容项目 9.5 折优惠，办理一张 1000 元的会员卡可以享受美容项目 9 折优惠，以此类推。看似优惠，但细算之下，如基础护肤单次 150 元，办理一张 1000 元会员卡每次仅省 15 元。虽然有优惠，但优惠力度并不大。

我有一位学员是经营美容店的，且规模相当可观。他一开始也采用了这种充值打折的方式，但慢慢地，他发现美容店的客流量甚至比旁边的小型美容店还要少。于是他向我咨询，我给他提出的建议就是通过免费策略，采用新模式经营美容店。

当前，消费者对于美容院推行的会员卡制度普遍持有抵触情绪，原因在于他们发现预先支付的费用远超所获得的服务价值。基于此，我建议从以下几个方面进行调整：

1. 会员卡的费用统一设定为 99 元。

2. 持有会员卡的顾客可享受全年免费的基础美容护理服务。对于深层护理、面部美容等高端项目，仅需支付产品费用或顾客自备产品，美容院将提供全程免费服务。

3. 办理会员卡的顾客将额外获得 52 张知名餐饮品牌的优惠券。

4. 会员卡使用满一年后，美容院将全额退还会员卡费用，即将顾客所支付的 99 元全额返还。

该美容院老板通过创新的会员制模式，成功吸引了大量顾客并实现了千万元的年收入。

首先，99 元的会员卡费用对消费者而言显得轻松无压力。面对 500 元或 1000 元的充值，消费者可能会犹豫不决，但 99 元则不会构成负担。其次，99 元即可享受全年免费的基础美容护理服务，高端项目亦可按成本价或自备产品享受免费服务，这无疑极具吸引力。结合 52 张餐饮优惠券，消费者的购买兴趣被有效激发。若消费者仍犹豫不决，一年后全额返还 99 元的承诺无疑将深深打动消费者的心。

美容院的价值点自然转移到了其他产品和服务上。例如，52 张餐饮优惠券，每张通常可用于满 100 元减 20 元的消费。虽然消费者可能不会频繁使用，但这些优惠券至少能促使他们每月至少光顾一次。即便这些餐饮店并非美容院老板所有，但作为合作商店，双方仍可共同获利。

此外，美容院的服务范围不仅限于美容护理，还包括 SPA、按摩、针灸、美容仪器等多项高端服务。99 元的会员卡实质上是消费者踏入该美容院门槛的"钥匙"，特别是针对 18 ~ 58 岁的女性群体，她们在接受基础美容护理的同时，往往会对其他高端服务产生浓厚的兴趣与需求。相较于其他地方，她们更愿意在这家店消费，因为相同的价格提供了更多额外价值。

免费策略不仅是商业策略，更是攻占消费者心理的策略。这一点易于理解。例如，同样是 3 元一斤的橘子，我们倾向于选择常去的水果摊购买，因为我们信任其新鲜度和口感，从而提高了回头客的忠诚度。

因此，这家美容院不仅在一年内扩展了连锁店，而且每家店都需要预约才能进入。基于 99 元的会员卡，消费者对这家美容院产生了浓厚的兴趣，兴趣逐渐转化为信任，最终信任转变为依赖。随着消费者黏性与忠诚度的不断提升，她们对美容院其他高端项目和服务的关注度与接受度也随之提高，从而为老板带来了持续且稳定的收入增长。

免费策略的核心在于通过暂时的价值转移和市场渗透，帮助企业获得客户信任和市场份额，为后续盈利打下基础。其目标是通过吸引客户，建立长期稳定的客户群体，并通过客户的后续购买、推荐等方式，获得实际收入。因此，企业在采用免费策略时，必须考虑如何将短期战术手段与长期盈利模式相结合，在吸引客户的同时，确保企业收入的可持续增长。

综上所述，免费策略并非简单的"免费赠品"或"试用期"，它是一种具有重大战略意义的市场手段。企业在运用免费策略时，应关注价值转移，理解其作为战术手段的重要性，并明确背后的商业逻辑和盈利模式。合理运用免费策略，能使企业在激烈的市场竞争中脱颖而出，赢得消费者的青睐，进而为企业带来实际的商业回报。

32

整合模式

若无系统作为支撑，资源整合便如无源之水、无本之木。

——陈疆同

如何用别人的产品赚自己的钱

汉庭，一家广为人知的企业，其背后的掌舵者季琦却未必为大众所熟悉。季琦在打造汉庭之前，已经成功创办了携程和如家两家公司。

携程的主营业务究竟是什么？

携程专注于会员服务领域，通过提供会员制度，为消费者在预订酒店和机票时提供了更为便捷和经济的服务。正是这一商业模式，使得携程成功地带领公司进入纳斯达克资本市场；紧接着，创始人又创立了如家，这是一家专注于酒店连锁业务的管理公司，同样实现了上市目标；随后，第三家名为汉庭的公司也被创立，并在创始人的领导下完成了上市进程。

因此，季琦是那个时代唯一一位连续创办携程、如家、汉庭三家市值过百亿的纳斯达克上市公司的企业家。当他回归创办汉庭时，他的做法是怎样的呢？

他观察到如家酒店的成功推动了快捷酒店行业的蓬勃发展，创办汉庭时，发现众多投资者已涌入酒店业。思考后，他决定既然酒店业竞争激烈，自己便不盲目参与竞争。那么，他又是如何操作的呢？

投资完成后，汉庭的业务员指出酒店在卫生、接待流程、价格体系以及整体管理方面存在的问题。合作后作为投资者，全程管理由他们负责。此外，汉庭数百万会员资源，挂牌后将成为潜在客源，助力生意提升。这样的提议，既解决了管理问题，又能增加客源，于是双方达成一致。对汉庭而言，这500万元的投资便得以节省。

季琦通过整合策略，在全国范围内成功整合了近1000家酒店，并通过供应链优势实现了降本增效，节省了约50亿元的成本。

以往，开设一家酒店往往需要耗时长达六个月之久；而今，仅需更换门头与调整内部装修，短短十五日内便能开业迎宾。正因如此，汉庭在短短两三年间便成功登陆纳斯达克，实现了上市壮举。

这种盈利模式被称为整合盈利，即整合社会资源。

一旦投资到位，装修完成，员工就绪，汉庭仅需利用会员管理系统和酒店管理系统，便能将全国各地的酒店有效地整合起来，这种盈利方式即为整合盈利。

切记，整合资源的前提在于构建一个健全的系统。若无系统作为支撑，资源整合便如无源之水、无本之木。故而，首要之务便是建立一套行之有效的系统，借此实现资源的整合，进而使他人的资源得以最大化增值。

33

直销模式

"直销模式"的创造者，戴尔！

——陈疆同

如何用直销模式快速占领市场

　　直销模式的缔造者是戴尔公司。该公司成立于1984年，凭借其在服务器、存储设备等 IT 基础设施解决方案领域的创新和增长，以及对人工智能领域的积极拥抱，戴尔不断巩固其在电子产品的生产、设计与销售领域的领导地位。如今戴尔公司已跻身世界 500 强企业之列。在其发展历程中，戴尔公司开创了一种至关重要的市场模式，这一模式不仅引领戴尔品牌取得了今日的辉煌成就，而且对整个商业界产生了深远的影响，众多企业纷纷效仿戴尔的市场策略。接下来，我们将详细探讨戴尔所开创的"直销模式"。

　　所谓直销模式，即摒弃中间商环节，以降低产品流通成本，同时满足顾客追求利益最大化的需求。简而言之，即生产商直接将商品销售给消费者，无须经过中间商。

　　直销模式于今时今日虽已屡见不鲜，却仍不失其独特魅力。然而，回顾历史，戴尔公司在 1984 年便能创造出如此模式，足见其非凡之处。

　　1984 年，戴尔公司的创始人迈克尔·戴尔注册了一家电脑公司，并与几位同学开始了创业之旅。当时的电脑市场，一台电脑的售价高达 3000 美元，而成本仅为 600 美元，可见卖电脑是一项极为盈利的业务。长期以来，电脑销售模式一直是通过经销商向全国市场铺货，再由经销商销售给消费者。然而，迈克尔·戴尔受限于资金，无力承担全国经销商铺货之重资，故而无法遵循旧例，只能另辟蹊径，探索新的销售模式以推广电脑。

他忆及往昔销售邮票之时，亲自进货，直面客户，中间无任何环节阻隔。他思索着，这一模式是否同样适用于电脑销售呢？

于是，他招募了三名电脑组装工和若干销售员，组装了一批电脑后，开始在报纸上宣传，并由销售员负责向客户推销产品。就这样，在整个市场普遍采用经销商铺货模式的背景下，迈克尔·戴尔开创了全新的市场销售方法：厂家生产产品后直接卖给消费者，这便是直销模式。

谈及直销模式，不少人往往陷入认知误区中。实际上，直销模式极具创新性，我将其誉为"天才的发明"。

假设销售保健品，投资 100 万元开设了一家店铺，但不幸的是，店铺开业后却无人问津，产品滞销，这将导致两个问题：

首先，投资将遭受亏损，且店铺每日仍有成本支出。因此，有人突发奇想，是否可以不投入这 100 万元呢？

其次，若选择不投资，虽然店铺无法开设，但成本也随之消失。如果能在不投资、不产生成本的情况下继续销售商品，岂不是一举两得？

因此，他们开始探索实现这一目标的方法，研究如何让顾客成为他们的推广者。若能让顾客帮助分享、传播并转介绍新顾客，那将是多么理想的状况。但问题在于，如何才能让顾客愿意为我们做这些呢？他们将精力集中在了教育顾客上。

许多人误以为直销的成功依赖于其制度，实则，直销成功的精髓恰在于教育这一核心要素。故而，往昔之时，直销尚未得名直销，而被称为传播销售，即凭借消费者之口碑流传，以达销售之目的。后来，欺诈行为损害了直销的名声，迫使其更名。

传统模式下，产品经过多级代理，每个环节增加的成本导致售价远高于成本，例如，一瓶成本 100 元的保健品，最终售价可能高达 1000 元。直销模式则简化了流程，产品直接从品牌商到达消费者。

首先，他们会清晰地解释模式，分享的利润，本质上是节省下来的成本。

其次，直销模式通过直接与消费者沟通，省略中间环节，确保了产品品质，因为只有高质量的产品才能在消费者中形成良好的口碑。并且，他们的产品种类通常不多，但每一款产品几乎都是爆款，功能和功效非常明确。

最后，传达公司的企业文化。传统模式注重提高售价获利，而直销模式则固定价格，专注于提升顾客使用体验。因此，公司的企业文化就是集合所有人的力量来帮助，所以我们称为家人文化。

在日用消费品市场中，安利公司堪称业界典范。

与戴尔公司不同，安利采取了直销模式，并招募了大量地面销售人员担任直销代表。他们不仅负责给消费者推广安利产品，还肩负招募并培训下级销售人员的职责，从而构建起庞大的销售团队。因此，安利构建了一个庞大的直销网络，使得产品能够迅速到达消费者手中，并形成了一个庞大的直销帝国。

当然，在讨论直销时，许多人可能会将其与传销相混淆。实际上，直销与我们通常所说的传销之间最大的区别在于，直销的产品本身具有实际价值。以安利为例，其产品在健康和日用品领域中，品质是有保障的。直销模式的精髓在于省略中间环节，让销售代表直接面向消费者推销产品，实现产品的高效流通。

合法直销与非法传销之间存在显著差异。非法传销组织通常采用虚假宣传和高额返利的策略，销售的产品往往品质低劣，甚至毫无价值，仅作为发展人员的工具。这些组织的主要收益并非来自产品销售，而是通过招募下线成员，并从他们身上获取收益，本质上是一种欺诈行为。因此，直销与非法传销的一个重要区别在于直销产品拥有内在价值，而非法传销则依靠不断拉人头维系运作。

当然，在国内实施直销模式时，也存在一定的限制，可能仅限于三级以内，不能拥有过多层级的销售团队。过去，类似安利这样的直销公司依赖于大量销售人员，必须依靠那些能够与最终用户直接沟通的中间商。但随着互联网时代的到来，品牌商可以依靠互联网技术直接与用户建立联系，通过官方网站、手机 App，甚至微信公众号，直接与用户沟通交流，开展销售和客服等工作。

再来看旅游行业，过去航空公司售卖机票主要通过中间渠道，如携程、去哪儿等在线旅游代理机构，这些渠道通常占据了航空公司机票销售量的七至八成。

到了 2014 年，随着互联网技术的日益成熟，多家航空公司开始宣布降低 OTA 在机票销售中的比例，用户可以通过官网、App、电话等方式直接订购机票，航空公司还保证，通过直销方式订购的机票价格将更加优惠，因为可以将原本支付给中间商的利润直接让给顾客。因此，到了 2017 年，根据行业数据，东方航空的直销收入同比增长 29.4%，直销收入占比同比提升 9.4 个百分点，而国航、东航和南航这三大航空公司的代理费用减少了 63 亿元，直销比例已超过 50%，这反映了互联网技术对航空直销渠道的积极影响。

此外，我们熟知的小米公司也采用了直销方式，通过官网或自建店铺销售产品。在这个过程中，小米公司通过对互联网直销模式和社交媒体的运用，加强了与用户的互动和直接沟通，显著提升了用户的参与感，从而取得了显著的销售成绩。

直销模式给予我们的启示是：

在所在的行业和企业中，是否可以采用直销模式，是通过线下销售人员直销，还是通过线上渠道直销？之前是否拥有自己的经销商和中间商渠道？如何在直销与中间商之间找到一个平衡点，以维护各方的利益？这些都是我们在运用直销模式时需要深思熟虑的问题。

197

34

众筹模式

用别人的钱办自己的事。

——陈疆同

如何用别人的钱办自己的事

通过实施众筹模式，亚朵酒店的经营者在 7 年的时间里成功开设了 583 家酒店，而他本人并未直接投入任何资金。这一切都是通过顾客的资金支持实现的，顾客们甚至担心错失了投资的机会。

这究竟是创新的商业模式，抑或是充满陷阱的圈钱手段？

亚朵酒店借助顾客的资金成功开设了近 600 家酒店，这种模式的专业术语称为众筹。简而言之，若项目正处于研发阶段，且面临渠道、技术和资金的瓶颈，那么众筹模式不失为一个良策，它能吸引特定人群加入，携手推动项目前行，并共享最终的胜利果实。

2015 年，亚朵酒店与知名电商平台合作，启动了酒店众筹项目。通过产品型众筹，该项目在短短 44 天内成功吸引了 5387 人参与，筹集资金超过 660 万元，超出预期金额的 330%。具体操作流程如下：

每位投资者都将自动升级为亚朵银卡会员，尊享住店 88 折专属优惠。亚朵众筹项目的起始投资额为 2 元，上限为 31522 元，共设有 7 种不同的投资等级。

譬如，仅需 2 元投资，即可享受延迟退房特权，更有机会赢取高达 7888 元的惊喜大奖。

投资 499 元，即可入住价值 650 元的客房一晚，并畅享免费下午茶、豪华早餐，离店更有温馨记忆枕头相赠。

投资 4999 元，除了获得价值 7888 元的床垫外，还将获得一张价值 5000 元的储值卡。

对于经常出差的投资者，选择投资 31522 元将全额返还本金，并额外赠送价值 7888 元的床垫一张。

显而易见，该众筹项目的性价比极高。亚朵酒店的众筹项目圆满结束后，共有 5387 名支持者参与，筹集资金达到 660 万元，超出预期目标的 330%。通过这种方式，亚朵酒店在无须投入任何资金的情况下开设了新店，并预先锁定了一大批潜在客户，从而无须担忧酒店开业后的入住率问题。

这种众筹模式不仅适用于连锁酒店，还可广泛应用于各行各业。

餐饮业的华莱士通过众筹模式，未花费一分自有资金，完全依靠员工、房东、供应商的众筹，在全国开设了 20000 家门店；

白酒销售商肆拾玖坊凭借众筹模式，短短 6 年便汇聚了 900 多万忠实用户，年营业额飙升至 30 亿元大关；

旅游行业的彭山庄园通过众筹模式，将一座 3000 亩的荒山改造成了国家 4A 级旅游景区。其湖面上的观光游艇、摩天轮是通过与旅行社众筹获得的，景区餐厅是通过员工众筹建设的，景区酒店则是通过顾客众筹完成的。老板未掷一分钱，却坐拥百亿资产，成就斐然。更令人称奇的是，他将山中种植的农副产品以十年为单位卖给游客，而非按斤销售。

一位来自浙江的文艺女青年，未投入任何资金，零成本将丽江的一家小客栈打造成顶级民宿。她不依赖营销噱头，而是依靠 4000 位忠实用户，年收入轻松达到两亿，彻底改变了传统民宿行业。这位智谋出众的老板张蓓，既未与市场正面交锋，也未向资本妥协，而是凭借自身的软实力，将每一位客户化身为合伙人，仅在十分钟内，便奇迹般地融资 400 万元。

那么，她是如何做到的呢？

实际上，她运用的正是众筹这种顶级商业模式。事实上，每个行业都可以采用这种方式。简而言之，这套模式摒弃了对股东和员工的依赖，转而依靠一群外部的非正式参与者——客户。若运用得当，它将迅速为企业筹集到所需资金。

花间堂的定位与其他民宿不同，主打"生活美学"，凭借其独特的风格和优质服务，迅速吸引了大量消费者，并在行业内声名鹊起。尽管传统上认为酒店行业的复购率较低，但一些酒店品牌通过创新和提升服务品质，已经实现了显著的复购率提升。例如，某些酒店通过引入智能化管理系统和个性化服务，成功地吸引了大量回头客，复购率超过 50%。面对这一痛点，花间堂产生了"贪得无厌"的想法，即让客户既投资又消费。

考虑到您本就计划度假，选择投资并入住自己的民宿酒店，无疑是一个明智之举。毕竟，众人拾柴火焰高，您的每一份投资都将助力花间堂的成长。

因此，她启动了自己的众筹计划。在京东私募股权融资平台上发起众筹，专门招募既出钱又消费的投资者。仅需支付 2 万元，即可成为投资人并自动成为高级会员，享受所有折扣福利。具体来说，两个月后，花间堂将返还 1 万元，可用于在花间堂住宿、餐饮娱乐等，甚至邀请朋友和家人一同体验。此举旨在利用投资人的力量进行引流和转介绍，以增强品牌曝光度。之后的 7 年内，每年还将返还 2000 元的消费金，消费方式自行决定。

简单一算，投资 2 万元，即可坐拥 2.4 万元（1+0.2×7=2.4）的消费金，加之诱人的高折扣，这对于有需求的消费者和老板而言，无疑散发着巨大的魅力。

为了让投资人真正看到收益，花间堂推出了一个重磅承诺。

她承诺，若第三年门店年营业额超过 365 万元，每位投资人将获得大约 6% 的年化现金收益，这比一般理财产品要高。7 年消费卡使用完毕后，花间堂总部将回购这 2 万元本金，投资人退出合伙，但保留高级会员权益。

如此条件，岂不诱人？本金全额返还，意味着您将无须自掏腰包，即可畅享民宿酒店，更兼有投资收益入账，真是物超所值！因此，众筹项目一经推出，迅速吸引了 4000 多人参与，认购额度超过 400 万元，最终有 200 人成功投资。

花间堂总部能盈利吗？

当然可以！花间堂精准定位小资群体，其消费水平颇为可观。无论是餐饮住宿，抑或是投资扩张，均能带来稳定且可观的收益。而总部只需确保品质和服务的高标准，只要这一点得到保障，盈利是必然的。

这就是"利用他人的资金，开设自己的民宿，赚取他人的钱"，完全不必担心新客户的来源，最重要的是，抗风险能力极强，因为老板背后不是一支队伍，而是一群老板。

必须承认，在追求财富的过程中，不同人采取的方法和努力程度各不相同。有些人尽管倾注了毕生心血，企业规模却始终未能显著扩大；而另一些人则似乎不费吹灰之力便能名利双收。这种现象背后，反映了思维方式的差异。在新时代的洪流中，我们必须警醒，绝不可墨守成规，紧抱过时的经营策略不放，否则必将被顾客和市场无情地淘汰。这也是为何企业领导者必须持续学习，以适应不断变化的市场环境。

35

社群电商模式

通过熟人社交网络的推荐，结合团购的价格优势，推动商品销售。

——陈疆同

如何实现用户快速裂变

你是否曾经通过微信朋友圈或微博购买过熟人的商品，或者你是否曾经加入过某些特定的群组或知识星球以获取知识？这正是我要阐述的商业模式——社群电商。

谈及社群电商，有两位杰出人物不得不提。

其中一位，自 2012 年起，每日清晨坚持用 60 秒的语音，向大家发布一段信息，他就是罗振宇。随后，他创立了逻辑思维以及后来的得道公司。如今，在得道 App 上，众多用户和粉丝与他们所敬仰的行业大咖或心仪的知识领袖并肩，共同探索各类知识的奥秘。

另一位是财经作家吴晓波，他在两年后成立了自己的吴晓波频道，迅速吸引了超过 50 万的粉丝。粉丝们可以在吴晓波频道上收听吴晓波每日发布的语音，以及他对财经的分析。之后，吴晓波频道上还开展了一系列的电商活动，销售各类商品。

这便是社群电商的介绍。

社群电商，是基于共同或相似的兴趣爱好，通过某些载体，如微信群、微博等聚集人气，通过产品或服务，满足这个群体的需求，从而形成的一种商业模式。

社群电商为何会应运而生？

从电商的发展历程来看，我们已经历了不同的阶段。最初的电商被称为平台型电商，如淘宝；第二个阶段是移动端电商，即手机上的电商平台，如微店等；如今，我们步入了一个新的阶段，即社群电商。

社群电商的崛起，离不开微信这一重要推手。微信的普及不仅极大地便利了人们的沟通交流，更为信息的分享与人群的聚集提供了广阔平台，从而为社群电商的蓬勃发展奠定了坚实的基础。社群电商产生的另一个重要原因在于，如今获取流量的成本日益增高，难度逐渐加大，通过熟人之间的链接去获得用户，这种低成本的方式成为社群电商发展的基础。

在数字经济的推动下，社群电商与团购模式的结合催生了新的电商模式，例如拼多多和小红书等平台，它们通过社交裂变和团购优惠相结合的方式，重塑了消费者的购物习惯，并为中小企业和个体创业者提供了新的发展机遇。这种模式的核心在于，通过熟人社交网络的推荐，结合团购的价格优势，推动商品销售。

拼多多的模式不难理解，例如几个朋友一起逛街时，店员提出，如果几位一起购买这件衣服，我可以优惠 100 元。用户普遍倾向于接受这种低价促销策略，这也正是拼多多能够迅速崛起的核心竞争力所在。因此，自成立之初，拼多多便凭借社群与团购的完美结合，在极短的时间内成功登陆纳斯达克，彰显了这一商业模式的巨大魅力。

许多人认为，2018 年和 2019 年是资本的寒冬，但实际上，社群电商这种商业模式在这两年获得了大量融资。这给我们带来的启示是，电商这种销售模式，实际上一直在不断地演变和创新。

作为电商销售产品、服务或知识，社群这一概念是需要深入理解、建立并有效运营的。通过优化社群管理，产品可以被迅速推广并实现销售目标。

36

收费站模式

"收费站"是所有商业模式的最高境界,是实现企业终极目标的必经之路。

——陈疆同

构建自动化的盈利机制

我之所以偏爱"收费站"模式，是因为它具备独特的商业模式特性：既简洁高效，又易于实施与扩展，同时对人力资源的依赖度极低；更为重要的是，它能够产生长期而稳定的现金流。

"收费站"模式被誉为"商业模式的巅峰"，因为它最接近企业的终极目标——构建一个安全、持续、自动化的盈利体系。它是所有商业模式中的最高境界，是实现企业终极目标的必经之路。企业家需深入钻研并精通"收费站"模式，以便更加迅速、高效地引领企业实现成长与发展。

一旦对某一资源实现强力甚至垄断式的控制，便能形成长期安全、稳定、持续的现金收入，同时对人力和物力的持续投入需求极低。这种类似于高速公路收费模式的经营方式，我们形象地称为"收费站"模式。所有商业模式均是"控制"与"收费"这两种能力的结合，而"收费站"模式则是其极致表现。

例如，为了节约时间，我们选择走高速公路。如果从一地到另一地的高速公路只有一条，我们便只能通过此路通行。因此，这条高速公路对快速通行的需求实现了垄断式控制。

我们别无选择，若要通过这条高速公路，必须付费，且无须高速公路工作人员推销或教育。我们的付费行为是强制性的、自动的，不付费即违法。

换言之，"收费站"模式将"控制"与"收费"做到了极致。

"控制"的极致表现为"垄断"，而"收费"的极致则是"自动化"。若企业能将其盈利能力推向这种极致，几乎就等于奠定了成功的基石。因此，企业家若想超越竞争对手，必须深入研究"收费站"模式，努力实现"垄断式控制"与"自动化收费"。

当然，这一切都是通过巧妙的商业模式设计实现的，这代表了商业社会自由竞争的较高境界，不依赖于行政干预，故而呈现出良性的态势。然而，这种模式对企业家的智慧要求较高，需要在客户需求把握、资源高效调度及运营流程优化等方面进行深入设计与细致安排，这对于仅对"战略学"略有涉猎的人来说，其深层次的奥秘往往难以捉摸。

简而言之，要实现"收费站"商业模式，必须同时满足以下条件：

首先，自动化——对人力资源的需求极低，理想状态下完全无须人力。

其次，长期化——客户对这种需求应是长期且刚性的。

最后，排他化——短期内客户不易转向其他供应商。

99%的企业商业模式无法满足"自动化、长期化、排他化"这三大要求，看似遥不可及。但这些要求对企业具有重要的指导意义，可以帮助企业家集中精力，不断优化商业模式，以趋近这"三化"，避免在商业迷宫中迷失方向。

许多人都在寻找一个优秀的商业模式来解决当前的发展难题，但许多人往往过分关注模式设计本身，日思夜想，试图设计出一个完美的模式。然而，他们忽视了一些至关重要的因素，这些因素直接决定着商业模式是否能够成功实施。

首先，必须确保商业模式与自身情况相匹配。许多人只看到他人模式的成功，却未考虑到成功背后所具备的条件。简而言之，他人可能拥有500名稳固的忠实会员基础。

再如，他人拥有几十人的团队进行运作，而你仅是夫妻二人。他人能够承受 100 万元的亏损，而你的最大承受能力仅为 10 万元。相同的模式，在不同的条件下，结果自然不同。因此，需根据自身条件量身定制方案，步步为营，细节之处见真章，方为有效之策。

其次，在设计商业模式时，必须将销售问题纳入考虑。也就是说，通过该模式能否迅速实现产品销售。反之，模式再优，销售难题不解，终为空谈。

许多人说，我的模式很好，后端利润很高，但是，如果无法解决前端用户购买的问题（当然，赠送也算在内），那么后端再强，前端难售，亦有何益？

再次，也是至关重要的，即商业模式的可执行性。如果拥有一个优秀的模式，但需要一个几十人的团队来运作，而难以找到与之匹配的人才，那么这个模式也是无用的。

故设计模式之初，应先思考：无专业人士相助，吾能否使之落地？

最后，商业模式设计完成后，必须考虑在该模式运营中是否能够获得利润。无论是平价销售、亏本销售还是赠送，如果无法找到锁定利润的途径，那么实际上是在进行慈善活动，而非创业盈利。

以下案例将具体阐释一家专注于企业冰柜制造的公司，其主要客户群体为餐饮业者。该公司常通过实体店及派遣销售团队，向餐饮业者推广其产品。

然而，面对激烈的市场竞争及单纯销售冰柜的难度，该公司针对主要客户餐饮业者，构思了整合供应链上下游的新商业模式，创建了一个平台。

鉴于餐饮业者常面临客源不足的问题，该公司构建了一个营销团购平台。只要餐饮业者购买其冰柜，公司便提供营销及团购服务，以解决客户来源问题。类似于社区团购模式的成功案例表明，通过整合销售与服务，如冰柜销售结合客户挖掘服务，可以为餐饮业者带来更大的吸引力和价值。

然而，餐饮业者需投资购买冰柜，并从众多平台中选择。为何选该公司？免费平台虽吸引餐饮业者，消费者也享优惠，但公司需投入大量资源维护。

对餐饮业者而言，这种诱惑可能尚不足以构成充分的吸引力。因此，该公司后来调整了商业模式，不再要求餐饮业者支付费用，而是直接赠送冰柜。现在，餐饮业者无须任何花费即可获得价值数千元的冰柜，拒绝的理由似乎不复存在。若仍有餐饮业者婉拒，公司便会继续物色其他合适的合作伙伴。

那么，赠送冰柜如何实现盈利呢？这正是问题的核心所在。公司可以免费提供冰柜，但前提是餐饮业者必须从公司采购具有竞争力的食材，如牛肉、猪肉等。公司只需寻找最优质的牛肉或猪肉供应商，并进行有效对接。

对餐饮业者而言，为何愿意接受呢？首先，冰柜是赠送的；其次，公司提供的食材品质上乘。餐饮业者在其他地方购买食材也是购买，但若选择从该公司订购，不仅可以免费获得冰柜，而且在价格上可能享有优惠。

此外，公司提供的食材品质优良，意味着餐饮业者能够制作出更优质的菜品，从而提升其利润。餐饮业者在利润增长后，自然倾向于继续与该公司合作采购食材。

对公司而言，尽管冰柜是赠送的，但通过这种方式，公司能够将餐饮业者牢牢锁定，通过销售食材实现盈利。相较于一次性销售冰柜所获得的利润，通过持续销售食材所获得的利润要高得多。

因此，公司通过冰柜打造了一个盈利机制，无须增加额外成本便轻松实现了冰柜的销售。这种跨界整合的商业模式，表面上看似简单，实则通过赠送某一产品，巧妙地引导对方购买另一产品，其中产品的精准选择尤为关键。

例如，赠送冰柜要求餐饮业者订购碗筷，然而碗筷使用频率低，即便承诺十年订购，亦难见显著效益。又或者，以赠送冰柜为诱，促餐饮业者订购白酒，虽白酒利润可观，却非餐饮日常所需，故难以带动大量盈利。

由此可见，赠送的产品必须符合对方的实际需求，同时，销售的产品应为对方迫切需要且具有高度重复购买性的商品，方能实现盈利。因此，高明的项目运作之极致在于无须投入即可建立收益渠道，构建自动化的盈利机制，利用他人的资源为自己创造收益。利用他人的资金来实现自己的目标，利用未来的资金来解决当前的问题，以及利用外围的资金来处理核心事务。